Valo Christiansen, Sam Sackbrook (Hrsg.*)
Sonderzeichen

**VALO CHRISTIANSEN**
**SAM SACKBROOK** (HRSG.*)

Erste Auflage 2024

Alle Rechte vorbehalten
Copyright 2024 by

Lektora GmbH
Schildern 17–19
33098 Paderborn
Tel.: 05251 6886809
Fax: 05251 6886815
www.lektora.de

Druck: OSDW Azymut, Lódź
Covermotiv und -montage: Yeliz Çetin, @cayundspaetzle
Lektorat: Yeliz Çetin & Denise Bretz, Lektora GmbH
Layout Inhalt: Yeliz Çetin, Lektora GmbH
Printed in Poland

ISBN: 978-3-95461-257-4

# Inhalt

Vorwort . . . . . . . . . . . . . . . . . . . . . . 9
Einfach Ely (Ely) . . . . . . . . . . . . . . . . . . 13
Frühling (Wanya Tollkirsch) . . . . . . . . . . . . . 18
Non Binary Blanks (Quinn Fuchs) . . . . . . . . . . . 19
Die Schmetterlinge kehren zurück (Sina Damerow) . 23
α,β-Suche (Miedya Mahmod) . . . . . . . . . . . . 27
O-Töne: Was bedeutet TIAN*-Sein für dich? . . . . . 29
9796 Tage (Valo Christiansen) . . . . . . . . . . . 32
bye nary (Jenn Unfug) . . . . . . . . . . . . . . . 36
Männer sind (Stef)... . . . . . . . . . . . . . . . 39
was die sagen (LILA SOVIA/Lavender Szymula) . . . . 42
[...] (Linux Wedemeyer) . . . . . . . . . . . . . . 44
Cool kids (Jake H. Sommer) . . . . . . . . . . . . . 50
Verbale Kuschelrunde (Quinn Fuchs) . . . . . . . . . 57
Me I. – Zweigeteilt (Noah Schreiber) . . . . . . . . 60
O-Töne: Was waren Momente der TIAN*-Joy,
also Momente der Freude, für dich? . . . . . . . . 63
Die meisten Leute mögen den Klang ihrer eigenen
Stimme nicht. (Rumo Wehrli) . . . . . . . . . . . . 66
Körperfreiheit (Paula Höll) . . . . . . . . . . . . . 71
Kleine Freiheit (Wanya Tollkirsch) . . . . . . . . . 75
Linie (JJ Herdegen) . . . . . . . . . . . . . . . . 77
über que(e)ren (LILA SOVIA/Lavender Szymula) . . . 80

Das Paradoxon der Gleichzeitigkeit von Transidentität
und Nicht-Existenz des Genders. (Sira Busch) ..... 82
JKR (Sam Sackbrook) ................ 86
Es ist 2021 (Rhonda D'Vine) ............ 90
Utopische Räume (Jenn Unfug) ........... 94
Eiswürfel (Hannah Haberberger). .......... 96
Leideinheit (Paula Höll) ............... 100
Müde (Cris Ortega) .................. 105
Die Tabletten (Suse Bock-Springer). ........ 109
O-Töne: Was sind deine Träume?. .......... 114
Gedichte über Körper (Rahel Behnisch) ...... 116
Ein Text für Uns (Lorem Ipsum) .......... 121
Queer-Lexikon (Valo Christiansen) ......... 126
Gute Ge_Schlechter (Jayrôme C. Robinet) ..... 131
Glossar ....................... 134
Anlaufstellen & Infomaterial ........... 140
Medienempfehlungen ................. 141
Die Herausgebenden ............... 142
Biografien der Autor*innen ............ 144

*Für alle, die wir selbst gern auf Bühnen gesehen hätten, für alle, die uns auf Bühnen sahen und sich endlich gesehen fühlten, für alle, die irgendwann auf Bühnen treten werden, um sichtbar zu sein, für euch alle.*

*Für uns.*

# Vorwort

Wien, Slam 22, Aftershowparty.
Denise Bretz, Leiterin des Lektora-Verlags, macht gerade eine Partypause und kaum dreht sie sich um, zieht jemand – Valo – sie auf eine Couch und sagt: »Denise, wir müssen reden.« Im nächsten Moment sitzt noch jemand – Sam – im Schneidersitz auf dem Boden vorm Sofa. Wir beide grinsen breit und sagen gleichzeitig und sehr liebevoll:
»Denise.«
»Oh Gott, hab ich was falsch gemacht?«, fragt Denise.
Wir alle drei müssen lachen.
»Nee, gar nicht. Wir hatten nur eine Idee – und da kommst du ins Spiel.«

Eigentlich und irgendwie war das der Anfang dieses Projekts. Aber uneigentlich saß Valo vorher mehr als einmal vorm Bücherregal, stand in Buchläden und klickte sich durch Onlineshops und fand keine Anthologien nur von TIAN* Personen. Auf Englisch, Spanisch, Französisch, ja, aber auf Deutsch? Nichts zu finden. Und dann dachte Valo, was sich Valo ziemlich oft denkt: Alles muss man selber machen. Und kurz darauf bekam Sam eine Nachricht, und kurz darauf waren dann schon die Meister*innenschaften in Wien.

Tatsächlich kennen wir, Sam und Valo, uns nicht nur von Slambühnen, sondern auch von einem Diversitätsprojekt des Vereins Vorlesebande e. V. in Paderborn, aus dem ein Buchprojekt zum Thema Diversität beim Lektora Verlag entstand. Außerdem sind wir beide Mitglied bei TINte, einem Netzwerk von transgender, intergeschlechtlichen und nichtbinären Bühnenliterat*innen. Sam ist dort derzeit Teil des Vorstands, ebenso wie Valo bei den Slam Alphas, dem Verein, der sich der Förderung von cis und trans* Frauen sowie inter*, nichtbinären, agender und weiteren trans* Personen im Poetry Slam verschrieben hat.

Dadurch, dass wir uns mittlerweile durch die verschiedenen gemeinsamen Projekte ganz gut kennen, wurde die Zusammenarbeit am Buch deutlich leichter. Die Arbeitsteilung verlief entspannt, es gab selten längere Diskussionen und viel Einigkeit über Pläne.

Die größere Herausforderung war tatsächlich, dass Meetings zustande kamen. Dank Neurodivergenzen sind wir beide ein bisschen (doll) schusselig und Stand September 2023 hat Valo zwei Meetings verpeilt. Das sind – immerhin – nur halb so viele wie Sam! Während es bei Valo tendenziell daran lag, den Kalendereintrag vergessen zu haben, schläft Sam gerne und viel mit dem Handy auf stumm. Irgendwann war der interne Arbeitstitel »Werden zwei neurodivergente Queers es schaffen, ein Buch herauszugeben, oder wird immer eine*r das Meeting vergessen, bis die Deadline vorbei ist?«. Wie ihr seht, sind wir fertig geworden – und haben das Manuskript sogar einen Tag vor der Deadline abgegeben!

Dieser vorliegende Band ist also nach unserem Wissen die erste deutschsprachige Anthologie, in der alle Texte von trans, inter, agender und nichtbinären Menschen geschrieben wurden. In diesem Fall sind es allesamt Menschen der deutschsprachigen Slam- und/oder Spoken-Word-Szene, die ihre Bühnentexte, Lyrik, Kurzgeschichten, Gefühle,

Wünsche und Gedanken eingereicht haben. Ergänzt werden diese Beiträge von O-Tönen, die wir über Social Media und unter TIAN* Personen in unserem Umfeld gesammelt haben, die TIAN*-Selbstverständnis, Freude und Träume beschreiben. Im Anschluss finden sich außerdem ein Glossar, Anlaufstellen, Medienempfehlungen und die Biografien der Autor*innen.

Insbesondere angesichts der zunehmenden Widerstände in der Gesellschaft, des Unverständnisses und der Abwertung von und gegenüber gendernonkonformen und genderqueeren Menschen halten wir Projekte wie dieses für enorm wichtig. Ohne es inhärent zu wollen, sind alle Beiträge in diesem Buch politisch, dieses Buch ist politisch, weil unser Sein so politisch behandelt wird. Wir haben zum Schutz aller den Autor*innen freigestellt, Pseudonyme zu verwenden.

Wir sind froh, dass wir dieses Projekt realisieren konnten und durften. Danke, Denise, dass du dich in Wien deinem Schicksal ergeben hast, doch noch mal kurz arbeiten zu müssen. Wie wunderbar, direkt deine Unterstützung zu haben und dass wir uns alle einig waren: Das wird richtig gut.

Danke an unsere Autor*innen für euer Vertrauen in das Projekt, danke an die Menschen, die uns O-Töne geschickt haben, und danke an Sprache, dass du dich immer neu erfinden lässt.

Und nun: Viel Spaß beim Lesen!

Valo Christiansen<br>
Sam Sackbrook<br>
im Februar 2024

# Einfach Ely
Ely

Hi,
ich heiße Elli.
Also eigentlich nicht,
aber mit diesem Namen verbindet jede*r mein Gesicht.
Meine Pronomen sind sie/ihr/they/them,
obwohl ich noch immer nicht versteh,
wieso mich das benennt.
Warum ihr einen Titel braucht,
wenn ihr in mein Gesicht schaut
und ich aussehe wie eine Frau.
Was mich überhaupt dazu macht,
darüber hab ich lange nachgedacht,
doch bin ich zu keinem Schluss gekommen,
denn jedes Mal sind Gedanken verschwommen,
mit gesellschaftlichen Erwartungen
und die Angst vor Ausartungen,
wenn mich kaum jemand versteht.
Wenn kaum jemand versteht,was in meinem Kopf vor sich geht,
wenn kaum jemand versteht,
dass das, was ihr seht,
bloß Fassade ist.
Was macht mich denn zur Frau?
Eine Gebärmutter und Brüste?

Wenn ich es nicht besser wüsste,
wäre das vielleicht auch meine Definition,
denn wir sind es so gewohnt.
Doch, dass es Frauen ohne beides gibt,
dass trans Frauen keine Männer sind,
dass Menschen ohne selbstgeborenes Kind existieren,
das sollten wir nicht aus den Augen verlieren.
Denn diese Flüssigkeit von Sein,
erst die macht uns frei,
erst die gibt uns die Macht,
alles zu sein, was wir uns haben ausgedacht.
Also, was macht mich nun zur Frau?
Ich weiß es ja selbst nicht genau
und überhaupt,
wofür ist das denn wichtig?
Funktionieren wir nur mit Titeln richtig?
Ich wäre häufig so gern jemand anderes,
weil ich so selten in die Gesellschaft pass.
Anders wäre manchmal so einfach,
anders wäre ich vielleicht weniger schwach,
anders läge ich vielleicht weniger Nächte wach.
Was macht mich denn eigentlich zum Menschen?
Atmen und leben und Grenzen
setzen.
Mich setzen und zuhören,
Dinge anfangen und aufhören,
mich an mir und der Gesellschaft stören.
Lernen, lieben und tanzen,
feiern und Gemüse anpflanzen.
Lesen und Fotos machen,
auf mich und auf andere aufpassen.
Hunde streicheln,
dem Fahrrad ausweichen,
mich selbst ausgleichen.

All die banalen Ding'
machen mich zu dem, was ich bin.
Mensch.
Und dass Geschlechter ein ausgedachtes,
patriarchales
Sozialkonstrukt sind,
hat mich eigentlich nicht besonders erschreckt,
weil ja irgendwie jede*r von uns da mit drin steckt.
Was uns zum Menschen macht,
ist so schnell zusammengefasst,
während einfach als etwas gelesen zu werden,
für mich nicht in diese neue Welt
und meine Bubble passt.
Gender macht für mich so wenig Sinn,
denn aus jeder Schwangerschaft
entsteht doch einfach ein Kind.
Und doch sind so viele aufgebracht,
wenn das Zimmer grün wird statt pink.
Für mich hat kein einziger Aspekt ein Geschlecht.
Weder Kleidung noch Farben,
keine Schminke und Haare
und auch der Beruf und die Stimmlage nicht.
Nicht das Gesicht,
nicht elterliche Pflicht
und auch nicht die Sicht
auf die Welt.
Also, was macht mich nun zur Frau?
Genau wie bei jedem anderen Menschen
werden meine Haare irgendwann grau.
Egal, wie lange ich drüber nachdenke,
ich werd daraus nicht schlau.
Welches Objekt, welches Merkmal
macht mich bewertbar?

Schaut mich an,
vielleicht seht ihr es dann,
dass alles an mir getragen werden könnte
von einem Mann.
Oder jedem anderen Menschen.
Denn am Ende sind nur wir selbst die,
die uns representen.
Schaut mich an,
vielleicht erkennt ihr dann,
dass alles bloß ein Konzept ist.
Nichts von dem, was ihr seht,
macht mich zu dem, was ich bin.
Und wenn ihr glaubt,
dass ihr versteht,
dann hinterfragt noch ein zweites Mal,
was ihr seht.
Denn im Endeffekt steht
vor euch ein Mensch.
Und bevor ihr denkt,
ihr könntet den Rest einfach lesen,
fragt nach.
Und hört zu.
Ich bin auch mal an dem Punkt gewesen,
einfach zu raten.
Aber noch viel schöner ist es doch,
zu fragen,
und daraus zu lernen.
Ich erkläre es euch gerne:
Hi,
ich bin Ely.
Nicht mehr und nicht weniger.
So einfach kanns sein.
Ich bin ein Mensch,
genau wie du.

Und wenn du mir deinen Namen und deine Pronomen nennst,
höre ich zu.
Denn Menschen sind so variabel
wie die Kunst,
die wir machen.
Ich bin ich,
ein Mosaik,
und wenn ich eins lieb,
dann ist es,
irgendwie auch wie Kunst zu sein.
Wandelbar und wunderbar und sonderbar.
Doch immer ich selber bleibend.
Ely.
Verweilend.
Ely.
Befreiend.
Hallo Ely,
wie schön, dass du geschlüpft bist.
Willkommen in dieser wundervollen Welt.

# Frühling
Wanya Tollkirsch

du gräbst die blume vorsichtig aus und
zertrittst sie dann auf dem asphalt
blumenmus und blütenleichen pflastern unseren weg
wie bunt die welt doch ist!

# Non Binary Blanks
Quinn Fuchs

*Anmerkung: In diesem Bühnentext wurden alle geschwärzten Worte durch Schnipsen ersetzt.*

Nein ▮.
Kein ▮.
Weder ▮.
Noch ▮.
Nicht ▮.

Ich bin ▮-binär
▮ Mann ▮ Frau
Und deswegen ▮ Pronomen?

Neopronomen?
They/Them?

Ich bin divers.
Bin Teil von wem – von was? Label: Agender, genderqueer, genderfluid, demiboy, demigirl, intergeschlechtlich, trans. Eine ▮ endende Liste unter einem Regenbogenregenschirm zusammengefasst.
Körper versus Gesellschaft. Wie viele Geschlechter gibt es?

In diesem Raum? – Wir wissen es ▇.
Auf der Welt? – Wir wissen es ▇.

Ich – bin – ▇-binär.
Dieses Wort wird definiert durch das ▇. Definiere das Sein über das ▇-Sein. Ist das die altbekannte Resteschublade?
Und deswegen ▇ Pronomen?

Hen/hem – das sind meine – Neopronomen.

Es gibt so viele.
So viele benutzen sie ▇.

Weil sie ungewohnt sind?
Weil sie ▇ rund von der Zunge rollen?

Mir auch ▇. Sie sind ▇ auf der Zunge ▇ im Kopf. Sie sind neu.
Genauso, wie es mal mit meinem Namen war. Er war neu und ungewohnt. Und richtig. Angenehm, zuhause.

Er/ihm – sie/ihr – Mann – Frau – sind Worte, die wehtun. Sie sind ▇ zuhause, ▇ richtig. ▇ ich.

Ich – mein Name – meine Identität – sind ▇ Resteschublade.
Meine Pronomen – mein Gender – sind zuhause – sind ich. Etwas, meins, Teil – ein Mosaiksteinchen, das mich ausmacht.

Mosaik? Ja – viele kleine Teile – ein ganzer Mensch.
Und manche Teile müssen sehr viel mehr kämpfen als andere, um zum Mosaik zu werden.

Müssen wir darüber reden? Wir haben doch? Ist doch schon da.
Ja, aber ▇▇▇. Lass uns drüber reden – oder – lass uns einfach reden.
Bis all diese Pronomen rund von den Zungen rollen.
Bis es ▇▇▇ ein – zwei – Mann und Frau – und dieses divers – dieses dritte – dieses »Was machen wir denn jetzt wegen der Toiletten und Duschen und Umkleiden und Klamottenabteilungen und was?«, bis es ▇▇▇ zwei + Resteschublade gibt, sondern sichtbare Menschenmosaike?

Ich passe ▇▇▇ in das aktuelle Konstrukt, denn was ist gesellschaftliches Geschlecht – Gender – denn sonst?

Frau – was ist das? – sie/ihr – ▇▇▇, sorry, habe ich noch nie benutzt, kriege ich ▇▇▇ hin.
Mann – was ist das? – er/ihm – ne, sorry habe ich noch nie benutzt, kriege ich ▇▇▇ hin.

Dann benutze ich einfach ▇▇▇ Pronomen für euch.

Ist es das? Macht die Sprache mich zum ▇▇▇?
Definiert sich mein Gender durch das ▇▇▇ vor den Normen? Bin ich ▇▇▇?

Neopronomen – Label – hen/hem – )gender(queer – das sind meine.

Wenn wir schon konstruieren – und benennen und einsortieren.

Dann lasst uns vernünftig aufräumen, lasst die Resteschublade zu – baut ▇▇▇ ein.
Zuhören – reden. Versuchen – fühlen.

Ich bin. Reicht das ▮?
Ich bin die Person, die hier gerade auf der Bühne steht.
Mit dem Namen Quinn und den Pronomen hen/hem.
Außerhalb des binären Systems.
Nein ▮.
Kein ▮.
Weder ▮.
Noch ▮.
Nicht ▮.

# Die Schmetterlinge kehren zurück
Sina Damerow

Der Eingang war verschlossen, es fehlte das Schloss, weil der Sommer keine Falter flattern ließ und das Grün sich seit Jahren gräulich gebärdete, das Dickicht sich nicht lichtete und wenn es versuchte, das Hindernis zu durchdringen, die Dornen die Haut ritzten.

Der Eingang war verschlossen, weil im Frühjahr der Gärtner zu viel Unkrautvernichter gegen den wilden Wuchs verschüttete, die früh verlorene Sau im Chor der Säue grunzte und der Taktstock des Zuchtmeisters so gern den Radetzkymarsch dirigierte.

Der Eingang war verschlossen, weil der Urknall zwar schon lange über den Gräbern verklungen war, aber das Heulen der Granaten den Wölfen die Melodie ins Hirn geschlagen hatte.

Der Eingang war verschlossen und der Raum dahinter war in tiefes Dunkel gehüllt, niemand kannte den genauen Ort der Höhle, niemand wusste, was sich in der Höhle verbarg, niemand wollte wissen, was in der Höhle gefangen war.

Niemand und es eigentlich auch nicht.

Der Eingang war verschlossen, es gab keinen Schlüssel, weil es keine Tür gab, nie gegeben hatte und niemals geben wird. Irgendwann hatte ein Beben den Zugang verschüttet und nur, wenn es fast windstill war, kein Laut die Stille störte und das Schwarz auch kein noch so vorsichtiges Tappen erlaubte, dann glaubte es, etwas zu hören, das wollte stören, das wollte zerstören, das wollte betören. In diesen Augenblicken wuchs das unbändige Verlangen, den Eingang freizulegen, aber es ließen sich die Steine im Eingang nicht darauf ein, zu weichen, es gab keinen, der sich auch bei größter Anstrengung herausbrechen lassen wollte.

Es hörte Sirenen singen und ihr Gesang sägte an den Krücken, die einen aufrechten Gang ermöglichten, ohne ein echtes Rückgrat zu besitzen. Der Wunsch, den Gesang der Sirenen verstehen zu wollen, wuchs und marterte, wenn die Musik der Massen verblasste.

Nur die Steine ließen sich mit bloßen Händen nicht entfernen.

Mit den Jahren tauchten Helfer auf, die besaßen Werkzeuge und lehrten es, sie zu gebrauchen. Die Werkzeuge hatten keine Griffe, sie bestanden nur aus Worten. Nicht »Abrakadabra«, nicht »Simsalabim«, auch kein »Sesam, öffne dich«, kein Hokus, kein Pokus, kein Fidibus, es waren Werkzeuge, die die Sinne schärften, die Fragen formulieren halfen, die Denkschranken aufbrachen, die Tränenschleusen öffneten, die das Unmögliche zu denken zuließen. Damit fiel Stein für Stein und es wurde ein Weg erkennbar.

An seinem Rand schimmerte zwischen altem, knorrigen Waldwuchs zartes Mai-Grün, das nach jedem vorsichtigen Schritt schneller wuchs und den Weg verengte, beim Vorwärtsschreiten reiften die Blätter, das Licht verblasste, aber in dem Augenblick des ersten Aufbrechens spiegelte das Licht seine junge, noch zaghafte Lebendigkeit fröhlich in die Augen des brüchigen Lebens, das es aufsaugte, sich erfreute über das frische, unschuldige Neue.

Die energisch aufdringliche, extreme Farbe erinnerte an den Beginn des Werdens. Das kontrastierte mit den tief vergrabenen Irrtümern und Unmündigkeiten, den Erlebnisbergen, die überwunden wurden, den zugewachsenen, dunklen Höhlen, erinnerte an Blessuren und Narben, die sich die Seele dabei zugezogenen hatte, und erinnerte an die Unsicherheit, wenn neue Berge erklommen werden mussten, von denen ungewisse Gefahren zu drohen schienen.

In der Ferne war bald ein Schatz mit Diamanten und Gold zu erkennen, schwimmend in Pech und Schwefel, es roch nach Wiese und Verwesung und es zogen dunkle Wolken auf und immer wieder erkämpfte sich die Sonne ihren Platz. Es war geblendet vom Glanz und dem Gesang, es war entsetzt vom Dunkel und dem Gestank. Das Schöne wollte sie sich holen, er sollte dahin gehen, wo der Teufel wohnt, aber damit hätte sie ihre Vergangenheit gestohlen, sich mit einer eigenen Lüge nur belohnt. Die Höhle war ein Fluch und ein Segen, sie gab Antworten auf nicht gewusste Fragen und half, das Schicksal mit Verstand und Vernunft angemessen zu ertragen, und je öfter die Höhle betreten wurde, desto weniger störte der Gestank und umso mehr verblasste der Gesang und die Schmetterlinge kehrten zurück.

Aber konnte sie den Schmetterlingen trauen, die da plötzlich in ihrem Kopf herumflatterten? Das neue Wissen erklärte viel, aber die Realität, in der sie sich seit über 50 Jahren bewegte, hatte Fundamente errichtet, hatte Häuser gebaut, die auf den Fundamenten ruhten, hatte Menschen Namen gegeben, hatte Namen den Weg ins Herz geöffnet, hatte ein Wir werden lassen, ein Wir, das die Höhle auch nicht kannte und das die Höhle niemals hätte kennenlernen dürfen, denn dadurch wurde das Wir eine Illusion, obwohl es echt wirkte und auch echt war, aber nicht wirklich. Sie war leichtfertig. Sie war irritiert. Sie dachte: vielleicht. Sie dachte: ja – und dass sie es sagen muss. Sie hoffte, dass die Fundamente und die vielleicht falschen Mauern fest genug sein würden; sie hoffte und entschied sich für die Wahrheit, auch wenn danach alles zusammenbrechen würde; länger hätte die nicht bewusste Unwahrheit, die noch keine Lüge war, nicht weiterbestehen dürfen, denn dann wäre sie zur Lügnerin geworden.

Die Wahrheit hatte sie gefunden und sie wollte keine Schauspielerin sein, sie wollte von dem Tag an das sein, was sie war, denn sie hatte unter der lange verschwiegenen Wahrheit gelitten, die sie wahrscheinlich schon vor vielen Jahrzehnten ausgesprochen hatte und die der Zuchtmeister nicht zulassen konnte. Die Wahrheit, dass sie ein Mädchen ist, auch wenn sie einen Penis hat.

Die Mutter konnte ihr damals nicht helfen, die hatte die Lüge in frühester Kindheit erfahren. Die Mutter war vier, als ihr der ausgestreckte Arm der Massen die Richtung wies und ihr beigebracht wurde, dass die Lüge wahr oder etwas falsch sein konnte, auch wenn es die Wahrheit war. Die Wahrheit zu sagen, konnte schon immer leichtfertig sein. Sie war noch zu klein und was leichtfertig ist, wusste sie noch nicht, aber die Folgen hatte sie zu spüren bekommen.

Sie hatte ihre Wahrheit in der Höhle vergraben. Jetzt war die Wahrheit zurückgekommen und stellte alles in Frage. Aber die Wahrheit erschütterte das Gebäude nur sehr heftig, konnte es jedoch nicht vollständig zerstören, denn die meisten Bausteine waren robust, weil sie nie leichtfertig ausgesucht wurden. Die Bruchstellen und die weggebrochenen Teile sind sichtbar und werden bleiben und es werden neue Elemente eingefügt. Es entsteht ein neues Haus; wann es fertig wird, wird die Zeit zeigen.

# α,β-Suche
## Miedya Mahmod

**α,β-Suche**
*von dann nach Theta.*
Armhaar. Bleichen. CK One by Calvin Klein. Damenhygieneartikel. Erklären. Freundin Freund'in Freund:in Freund*in. Ganzkörperchecks. Haltung. Introvertiert. Jein. Kleingemacht. Lächeln steht dir viel besser. Mädchenschrift. Niedlich. Oder. Persona non. Quarterlife-Crisis. Ressourcen- und Risikomanagement/Risikofaktoren-Bingo/Risiko-Bingo/Risikofaktoren. Suizidalität.
Trendy.
Unterrepräsentation.
Viva la Vulva.
Was nicht gleich Weiblichkeit ist.
X/X.Y? yy
yeil i das will & weil;
Zolle Zögern Zündstoff Zweifel zu Ende Zeit vorbei zwittert ein Zwitschern von Zukünften wo zufälligerweise Zweisamkeiten > Binary S. hit me baby one more time with
Zielgruppenmarketing oh baby Baby trägt zu Zwetschgenblau gern Zornesrosa.

#Ziele: one more time with feeling with every Body ohne die
Zügel in den Ziliarmuskeln anzu-
ziehen und Stehen zum
            Zobelbraunen mit Zeilensprungseilzug hoch
                        und zwangsnackt zurück zum
Anfang.

# O-Töne
## Was bedeutet TIAN*-Sein für dich?

»Völlig neue Ebenen von Gender Expression zu entdecken, die weit über klassisch binäre Vorstellungen hinausgehen. Zu lernen, wer meine wahren Freund*innen sind und wer nicht. Teils schmerzhaft, aber es gab auch wundervolle, intime Gespräche, die uns einander noch nähergebracht haben.

Nicht nur mein Genderlabel zu hinterfragen, sondern auch immer wieder, in welchen Formen ich Anziehung verspüre und auf welche Arten ich Beziehungen leben möchte.«

»Ein selbstbestimmtes, authentisches Selbst finden zu können.«

»Für mich bedeutet, TIAN* zu sein, mich so auszuleben, wie ich mich fühle. Und besonders auch im Leben außerhalb meiner queeren Blase als Enby positiv erkannt zu werden.«

»Trans zu sein, ist für mich ein Grundstein meiner Identität. Simon gibt es nicht in cis, mein gesamtes Aufwachsen ist dadurch geprägt, trans zu sein, sowohl positiv als auch negativ!«

»Nonbinary/genderqueer zu sein, ist ein Teil von mir, den ich nicht ablegen kann. Wie meine Haut- oder Augenfarbe. Auch wenn ich es durch meine Art, mich zu kleiden, nach außen *sehr zeige, ist es nur ein Teil meiner Persönlichkeit. Ich bin Mitte 50. Ich habe gelebt. Ich finde es, ehrlich gesagt, furchtbar, auf meine Queerness reduziert zu werden. Ich bin gerne offen genderqueer, aber ich bin eben nicht nur queer.«*

»Nonbinary zu sein, bedeutet für mich, dass ich endlich was gefunden habe, was einigermaßen erklärt, wie ich bin und wie ich mich fühle. Es ist aber gleichzeitig ein sehr ambivalentes Verhältnis, weil ich die ganze Zeit das Gefühl habe, dass ich nicht nonbinary genug bin, weil ich mich nach außen hin maskulin präsentiere und damit auch wohlfühle, was ja aber auch das Gender ist, das ich assigned bekommen habe. Aber ich bin eben maskulin, aber kein Mann. Ich mag, wie ich aussehe, ich mag, wie ich mich damit fühle, ich hasse, was die Gesellschaft damit verbindet und das ist eine Idee, der ich mich nicht verschreiben möchte.«

*»Ich weiß nicht, ob Mark-Uwe das beabsichtigt hat, aber DAS Känguru und dass es konsequent als ES bezeichnet wird, hat sehr dazu beigetragen, dass ich Pronomen gefunden habe, mit denen ich mich wohlfühle.«*

»Für mich bedeutete es, Worte für meine Identität zu haben und mich mit diesen ausprobieren zu dürfen. Sie anzuprobieren und zu schauen, welches (jetzt, gerade) passt. Mich beschenkt zu fühlen und auch ausgeschlossen. Und damit zu leben.«

*»Ich kann endlich ich sein. Ich hab jahrelang versucht, dem allem einen Sinn zu geben – turns out: geht nicht. Gibt da keinen Sinn für mich. Und das ist okay so, das ist sogar gut so. Ich bin gut so.«*

»Mein Trans/nichtbinär-Sein bedeutet für mich, dass ich sehr viel damit beschäftigt bin, Fehler zu korrigieren, die andere Menschen und auch ich selbst in der Vergangenheit gemacht haben, als es darum ging, ein Bild davon herzustellen, wer ich war. Das ist anstrengend und oft sehr schmerzhaft. Es ist aber auch sehr schön, denn es hat mir die Fähigkeit gegeben, mich deutlich zu sehen – meine Identität, meine Wünsche, meine Persönlichkeit, all die Eigenarten und Eigenartigkeiten, die mich zu mir machen. Es hat mir auch die Fähigkeit gegeben, mich akkurat zu beschreiben und Anderen zu kommunizieren, wer ich bin.«

# 9796 Tage
## Valo Christiansen

ich bin ich
ich bin leicht, ich bin schwer, ich bin erfüllt, ich bin leer
das gute leer

nein, ich weiß auch nicht, woher
woher das kommt

ich bin in 9796 Tagen um die Welt gereist, bis ich es fand

9796 Tage, bis ich mich verband mit mir und euch und
mir und euch zurückließ
für den Moment

für den Moment ganz mit mir sein, mich halten
und tragen
mich aushalten können, mich ertragen können
Kraft für mich haben, Kraft in mir tragen
Kraft, mich zu regen, mich zu bewegen, etwas zu
bewegen, euch zu

zu viel Kraft an manchen Tagen
ungelenk, ungestüm, Ungetüm und doch
doch kein Ungetüm, doch wunderschön, doch düster
an manchen Tagen

an manchen Tagen
wenn die Fragen zu LAUT sind, zu VIEL sind, zu VIEL zu
LAUT zu VIEL

WER BIST DU. WIE FÜHLT ES SICH AN. WARUM BIST DU
SO. DICH GIBT ES NICHT. GIBT ES MICH NICHT. GIBT ES
MICH UND WENN ES MICH GIBT

wer
bin
ich

9796 Tage. jeden Tag eine Frage. jeden Tag die eine
Frage, 9796 Tage lang
wer bin ich

9796 Tage jeden Tag voller Fragen, jeden Tag nur noch
Fragen 9796 Tage lang

wer soll ich sein
wer kann ich sein
wer darf ich sein

9796 Tage lang zwei Antworten auf meine Fragen. 9796
Tage lang eine Antwort auf meine Fragen

nur
eine
Frau

nur eine Frau, so wird es mir ins Gesicht gesagt

Nur

9796 Tage lang bleibe ich Nur

9796 Tage lang spreche ich wie Nur, verliebe ich mich
wie Nur, weine ich wie Nur, liebe ich wie Nur, erkläre ich
mich wie Nur, rechtfertige ich mich wie Nur, bin ich
genügsam wie Nur, schreie ich wie Nur, schweige ich wie
Nur, lasse ich über mich ergehen wie Nur

am 9796. Tag zerbricht Nur in einem Satz, zerbricht an
meiner Realität, ertrinkt in Scherben in meiner See aus
Tränen, Erleichterung – und Ruhe

seit Tag 1 nach Nur gibt es neue Fragen

wie kann ich ich sein
wie darf ich ich sein
wo kann ich, wo darf ich ich sein

seit Tag 1 nach Nur gibt es neue Fragen, die nicht mehr
ich stelle. seit Tag 1 nach Nur gibt es Fragen, die nicht
mehr fragen, wer ich bin, sondern ob es mich gibt und
ob es mich so geben darf, wie ich bin

an manchen Tagen, seit ich nicht mehr Nur bin, vermisse
ich die alten Tage, vermisse, dass die Fragen nur meine
eigenen waren

wer bist du, fragt ihr
wie fühlt es sich an, fragt ihr
wie ist das denn nun, fragt ihr

wisst ihr

ich sollte das nicht erklären müssen. ich sollte keine
Worte für etwas finden müssen, das selbsterklärend ist

aber wisst ihr

ich bin auf dieselbe Weise eine Frau, wie die See eine
Frau ist, bin auf dieselbe Weise ein Mann, wie der Mond
ein Mann ist, auf dieselbe Weise tragen mich das Wasser
und all seine Strömungen außerhalb und innerhalb aller
Gezeiten

wisst ihr

ich gehöre zur Gesellschaft wie die Wellen zum Meer,
mal aufbrausend und wild, mal sachte und ruhig, aber ich
bin immer da, ich war immer da. ich werde nie weg sein

wisst ihr

ich bin wie das Meer, weil ich mehr bin, als ich je zu
glauben, zu hoffen, zu träumen wagte. ich bin wie das
Meer, weil ich eine Kraft in mir trage, die nicht mehr zu
bremsen ist, weil ich weiß, dass ich mehr bin, weil ich
weiß, dass ich nicht mehr Nur bin

so fühlt es sich an

wisst ihr?

# bye nary
## Jenn Unfug

Ich bin nicht Entweder-oder, sondern Sowohl-als-auch
Dazwischen und darüber hinaus
0-1-0-0-0-1
Ich bin kein Computerprogramm
Binaritäten verscheuch ich schon lang
Denn sie helfen mir nicht weiter
Beim Fühlen und Denken
Versuchen nur, Meinungen in Richtungen zu lenken
Und klar
Wir brauchen Orientierung
Doch das gesellschaftlich binäre Denken
Das brachte mich fast um
Die Liebe, den Verstand, die Zuversicht, den Halt
Und darum heute hier ein Plädoyer
Dafür, ineinander nicht nur das Eine zu sehn
Nicht gut oder schlecht
Nicht falsch oder echt
Nicht gesund oder krank
Nicht in Zukunft oder schon lang
Nicht sie oder wir
Nicht Mensch oder Tier
Nicht weit weg oder hier
Nicht Nichts oder alles
Weil das meist nicht der Fall ist

Nicht hart oder weich
Nicht bunt oder grau
Nicht dumm oder schlau
Denn das, was du wissen musst, das weißt du genau
Nicht nie oder immer
Nicht statisch oder im flow
Nicht high oder low
Nicht Angst oder Mut
Nicht berauscht oder nüchtern
Nicht vorlaut oder schüchtern
Nicht emotional oder rational
Nicht angepasst oder radikal
Nicht unversehrt oder untröstlich
Nicht rabiat oder ganz zärtlich
Nicht giftig oder heilsam
Nicht herrlich oder dämlich
Nicht Mann oder Frau
Nicht fleißig oder faul
Denn alles ist immer, da muss ich dich nicht erinnern
Ich bin nicht Entweder-oder, sondern Sowohl-als-auch
Dazwischen und darüber hinaus
0-1-0-0-0-0-1
Ich bin kein Computerprogramm
Binaritäten verscheuch ich schon lang
Denn sie helfen mir nicht weiter
Beim Fühlen und Denken
Versuchen nur, Meinungen in Richtungen zu lenken
Und klar
Wir brauchen Orientierung
Doch das gesellschaftlich binäre Denken
Das brachte mich fast um
Darum oszilliere ich dazwischen und darüber hinaus
Hinterfrage die Pole und suche mir aus
Was heute wohl passen mag
Wo's noch ein Plätzchen hat

Um ich zu sein
Versehrt, aber tröstlich
Mit allen Facetten, nicht nur denen, die nötig
Um hier zu überleben
Sondern will das Leben genießen
Will schreien und singen
Und Tränen vergießen
Will kuscheln und ficken
Mit dem Kopf nicken
Aber nur, wenn ich möchte
0-1-0-01-0-0-1
Denn ich bin kein Computerprogramm
Updates gibt's viele, die such ich zusammen
Mit meinen Geschwistern, der Wahlfamilie
Wir wollen's versuchen und die Sätze sieben
Bis Sinn und Gefühle für euch alle spürbar
Danke fürs Zuhören, die Türe steht offen
Lasst uns etwas bauen, auf das wir schon lange hoffen.

# Männer sind
Stef

Das ist ein Text für alle Männer im Publikum.
 Wenn ich ein Mann wäre, würde ich mit starker Stimme sprechen, aufrecht stehen und selbstbewusst nach vorn schauen.
 Wenn ich ein Mann wäre, hätte ich muskulöse Arme und Beine, eine behaarte Brust, einen vollen Bart.
 Ich wäre mindestens 1,80 Meter groß, 85 Kilogramm schwer und würde auch mindestens genauso viel stemmen können.
 Wenn ich ein Mann wäre, würde ich Fußball spielen, Fleisch essen, Bier trinken, mit Frauen schlafen.
 Wenn ich ein Mann wäre, würde ich Hemden tragen, die mein Kreuz betonen, oder Tanktops, die meine Muskeln zur Schau stellen, oder kein Shirt, einfach, weil ich mich in meinem Körper wohlfühle.
 Ich würde nachts ohne Angst draußen rumrennen und mich nicht unter dicken, schweren Kopfhörern, eingesunken in die Kapuze des Pullovers, verstecken, würde nicht bei jedem lauten Geräusch aufschrecken und zu Boden fallen, würde nicht meine Arme so viel bewegen, wenn ich rede.
 Wenn ich ein Mann wäre, würden mich Waffen und Sport interessieren statt Kunst und Poesie, ich würde Autos zerlegen, statt Kochrezepte zu schreiben, ich wür-

de ... meine Beziehung geheim halten. Denn als Mann hat man mit Frauen zu schlafen und nicht mit anderen Männern, das hat man doch zu Hause und in Filmen und bei Politikern und auf der Straße überall gelernt. Und sogar auf Schwulenseiten im Internet, wenn bei Pornos jeder zweite Film mit »Heteros« spielt. Die spielen doch nur, das ist ja gar kein Sex; mal einen Typen zu ficken, macht dich noch lange nicht schwul; wenn sich dabei die Eier nicht berühren und du mehrfach »NO HOMO« sagst und auf deinem schwulen Datingprofil beteuerst, »sehr maskulin« und »heterolike« zu sein und Tucken zu verabscheuen.

Wenn ich ein Mann wäre, würde ich ständig auf den Boden rotzen, chauvinistische Kommentare für alle Lebenslagen parat haben und Mario Barth für ebendiese Haltung feiern.

Ich wäre ein Großmaul, würde Platz einnehmen, egal, ob er mir zusteht.

Warum nicht breitbeinig zwei Sitze in der U-Bahn besetzen? Meine Eier brauchen Platz.

Warum nicht eingestellt werden, nur weil ich ein Typ bin? Ich werd schließlich ganz sicher nicht schwanger.

Warum nicht unter jeden Artikel über Geschlechtergerechtigkeit schreiben, dass wir wohl sonst keine Probleme hätten und sich bei mir wohl noch nie eine Frau beschwert hat?

Ich würde ins Fitnessstudio gehen und an Männergrippen erkranken, ich könnte keinen Haushalt führen, aber dafür jeden Kniff bei Fifa beherrschen, ich könnte alles, was ich nur wollte. Die Welt läge mir zu Füßen. Zumindest wird mir das immer erzählt.

Aber ich bin kein Mann. Und ich will auch keiner sein.

Maskulin enthält das Wort »Maske«.

Maskulin ist die Eintrittskarte in die meisten Topberufe und Selbstmorde.

Maskulin sind unsere Aufsichtsräte und Gefängnisse.
Maskulin sind die meisten Superreichen und Wohnungslosen.
Ein Großteil aller Männer besitzt einen Penis.
Alle Männer besitzen ein Privileg.
Alle Männer bestehen aus Schmerz.
Und ich versteh's nicht.
Ich dachte mal, Männer seien Menschen
mit so vielen Facetten, wie Bäume Blätter haben,
so unterschiedlich und nicht austauschbar, wie Individuen eben sind.

Und stattdessen werden sie in ein Korsett gesteckt, nur nennt man es nicht Korsett, denn so was tragen ja nur Weiber, man trägt ein Kerlsett oder einen Männerpanzer, aber das Ergebnis bleibt gleich: Es wird die Luft abgeschnürt, bis das Gehirn nicht mehr versorgt werden kann, bis alles erschlafft – aber wozu gibt es Viagra und Penispumpen?

Warum ist ein Mann ein Mann und ein anderer Mann kein Mann? Warum steht der Mann mit dem Koks vor der Tür und nicht der Mann mit dem Kuchen? Und warum sollten Männer schon als Babys blau sein, wo blau zu sein, doch nur »keine Luft mehr haben« bedeutet?

Ich bin kein Mann und will keiner sein, vor allem wenn das heißt, so sein zu müssen. Ich will stricken und zocken, Make-up benutzen, aber auch einfach eine Cappy aufsetzen, wenn ich zu faul bin zum Kämmen. Ich will traurig oder kitschig oder überdreht sein dürfen und es auch zeigen. Ich will lieben, wen ich will, der kleine Löffel sein, auch wenn ich größer bin. Ich will ...

einfach ein Typ sein dürfen. Und ich will, dass das jeder darf. Maskulin ist doch nur ein Wort, aber muss es gleich so viel bedeuten?

Ich werde sein, wie ich will. Und Männer, ihr dürft das auch.

# was die sagen
## LILA SOVIA/Lavender Szymula

**was die sagen**

die sagen mir
lass dich nicht bewerten
die finden meinen haarschnitt
irgendwie
die meinen ich soll nein sagen
die fragen aber rhetorische
fragen?
die sagen stehe zu deinen
gefühlen

aber ich solle doch bitte kein
drama machen
ich mache aber drama
drama
drama
drama
da kann ich mich nämlich
anziehen und sagen
stehen und machen wieichwill

**was die noch so sagen**

zeig mir deine freunde
deinen körper
deine eltern
deine größe
deinen wortschatz
und ich sag dir wer du bist

alter.
was wollen die denn?

**die können die Klappe nicht
halten**

die sagen nämlich:
du bist nicht dein körper
und nicht deine gedanken
du bist nicht deine eltern
und auch nicht deine freunde
und auch nicht deine
beziehung
und überhaupt gar nichts
sondern so viel mehr als das

jaja
aber wenn ich n i c h t mein
körper bin und auch n i c h t
meine gedanken

was bin ich denn dann?


????????????????????????????????????????????????
was die sagen kann man sich echt nicht ausdenken ey

# [...]
## Linux Wedemeyer

wie viel raum darf ich einnehmen, mir nehmen, dir nehmen, einverleiben, gutheißen, bis ... in wie viel raum darf ich sein? ich will bleiben, meinen, weinen, leise pfeifen, scheinen und dabei nur existieren, leise schreien, gut aussehen, ausziehen, herausziehen, lieben, schmiegen, wellen schlagen, einmal das kaputtsein wagen, das kaputt ausschlafen, will wagen, kaputt zu sein, ich will wagen, zu schweigen ...
darf ich schweigen?
darf  ich  schweigen?
darf   ich    schweigen?
darf    ich     schweigen?

auf wie viel raum darf ich bestehen,
ohne dreimal so weit zu gehen,
wie viel erlaubst du mir, zu sehen?
warum erlaubst du mir, zu sehen, zu säen,
wie weit darf ich gehen, einfordern, nehmen,
in frage stellen ...
ich will nicht stetig erklären,
ich will  nicht   stetig   erklären,
ich will   nicht    stetig    erklären.

mir hat letztens ein mann gesagt,
das sei ja alles super,
wenn ich so da sei für ihn und direkt sage,
wenn problematische dinge passieren,
und helfe, wenn sich die welt gegen ihn verschwört,
weil er ja so nicht sei

und er habe das reflektiert
und er habe das jetzt kapiert
und wir leiden ja so viel
und wir leiden schon so lang
und das sei ja nicht sein stil
und er gehe respektvoll vor
und er flüstert mir ins ohr,
am abend sei er dann schon bereit
ja, komm, jetzt hat er sich ja angestrengt,
den ganzen abend zugehört,
den ganzen abend ausgehalten,
seine gedanken bei sich behalten,
was ich beschreibe, aufgenommen
ja, die anderen, die seien furchtbar,
ja, die männer, das system,
ja, die macker, und überhaupt,
konsens sei doch sein kink

ja, komm, jetzt hat er sich doch angestrengt,
warum ich nicht wolle,
das sei ja jetzt fies, ich, ich, ich
würde die stimmung kaputt machen,
immerhin reden wir doch nur,
ich könne ja auch nein sagen
finde er nur jetzt schwierig,
nach so viel reden
dann noch zu bleiben,

mir solle doch bewusst sein,
dass er ...
ja, dann könne ich jetzt gehen,
denn so habe er das jetzt nicht gesehen

auf wie viel raum darf ich bestehen?
warum erlaubst du mir erst, zu gehen?
ich will nicht stetig sehen, ohne gesehen zu werden,
ich will nicht ständig erklären,
ich will nicht ständig erklären,
ich will nicht ständig –
und ich sprach vom nachts allein nach hause gehen,
zustimmen, ohne zuzugestehen,
lieben, ohne draufzugehen,
oberkörperfrei am see herumzustehen,
tanzen ohne hand am arsch,
tramfahren ohne hand im schritt,
reden, ohne ... reden, ohne ... reden, ohne ...
reden, ohne unterbrochen zu werden

mir hat letztes ein mann gesagt, das sei ja alles super,
ich würde jetzt nur echt viel wollen mit dieser sicherheit,
mit diesem sichersein,
exklusiv ihn auszulassen
aus dem diskurs,
dem diskurs um die fragen,
die ich stelle an den tagen,
das sei echt viel von mir,
mit dreister leichtigkeit zu verlangen,
er solle platz machen,
er solle zur seite gehen,
er solle sich eingestehen,
er solle bitte mal sein maul halten,
warum denn jetzt so aggressiv,

gleiche rechte für alle
fallen leichter, wenn alle
geschlechter im gleichen falle
anfangen, aufzuhören,
das wär ja nicht gerechtigkeit,
wenn ich mir nähme von ihm,
was ich mir da nehmen will,
und ich sprach vom raum ohne ihn
und ich sprach von sicherheit im kleinen stil,
ich sprach von sicherer gewissheit namens finta*+
und hab dabei nur einmal nicht gefragt,
hab einmal nichts gesagt,
habe einmal raum genommen ohne ihn
und das dreht ja alles um,
wer nicht fragt, der nicht gewinnt,
und so lang kommt für ihn noch alles hin,
solang ihm alle räume immer zugänglich sind,
solang bequem verlässlich die welt für ihn stimmt,
aber so ...
safespaces ja, aber hier sei dann mal schluss,
ich habe einmal raum genommen ohne ihn
und das ist gerade das problem,
dass er das selbstverständlich kann

und ich will nicht stetig erklären
und   ich will  nicht  stetig  erklären
und     ich  will  nicht  stetig  erklären,

ohne dass ich dieses seil nehme
und stetig tau ziehe
und ausdauer zeige
und kämpfe um meine existenz
in der gleichen liga wie ...

ich habe es satt,
immerzu bezugsgröße zu sein,
wenn es um themen geht,
die meinen alltag darstellen,
alleinstellungsmerkmal finta*+
und klar ist das wichtig
und klar ist das kampfbegriff
und klar führe ich diesen kampf, wenn ich kann,
aber feminismus wird so zum härtesten ausdauerlauf,

ich will nicht ständig erklären,
ich bin es leid, dieses spiel zu spielen,
welches für dich freiwillig sein kann
und für mich verpflichtend sein muss,
konsens ist kein fetisch, sondern grundvoraussetzung,
aber bitte setz nicht voraus, dass ich es dir erkläre,
wie ich kämpfe um meine gleichberechtigung
und warum ich auf dem weg dahin die chance nutzen muss,
über dein wort hinwegzugehen,
und ich habe die fragen vorbereitet, aber
all das wird bedeckt von:

wie viele fragen darf ich stellen,
wie viele   fragen  darf ich  stellen,   bis    ich

wie viele fragen darf ich stellen, bis ich nicht mehr fragen muss,
wie    viele    fragen   muss   ich   stellen,   bis   ich nicht   mehr   fragen    muss,

wie   viel   struktur   muss   ich   brechen?

wie     viel,

wie      viel     raum
wirst    du       noch      nehmen,

         bis

ich

# Cool kids
Jake H. Sommer


**CN: Selbstverletzung, Suizid(-gedanken)**

♫ *I wish that I could be like the cool kids*
*'Cause all the cool kids, they seem to fit in* ♫
Mit Kopfhörern in den Ohren
Tränen in den Augen blickt sie in den Spiegel

Die Haare – zu trocken
Die Augen – zu trist
Die Haut – zu unrein
Die Nase – zu groß
Das gesamte Erscheinungsbild – zu grässlich

Sie verlässt ihr Zuhause voller Angst
Will die Schule nicht betreten
Die Blicke vermeiden
Die Sprüche nicht hören
Am liebsten
Würde sie aufhören zu existieren
Alles was die Leute sagen
Denkt sie eh schon von sich selbst

*CN: Selbstverletzung, Suizid(-gedanken)*

Ihre Gedanken
Reden sie klein
Machen sie schlecht
Rauben ihr all die Energie
Nehmen ihr die Lebensfreude
Wünschen ihr den Tod

Doch sie kämpft
Kämpft gegen diesen Wunsch an
Sie will nicht aufgeben
Sie will nicht einfach loslassen
Sie will den Tag erleben an dem alles besser wird

Bis es soweit ist
Hat sie einen kleinen Helfer
Der ihre Gedanken zum Schweigen bringt
Sie nachts schlafen lässt
Eine kleine
Feine
Scharfe Klinge

Jede Narbe
Zeugt von den nächtlichen Kämpfen
Die Gedanken gewaltsam zum Schweigen bringen
Jeder Schnitt
Entspricht eigentlich einem Hilfeschrei

So liegt sie da
Nachts
Allein
Schreit stumm um Hilfe
Keiner schenkt ihr Gehör

CN: Selbstverletzung, Suizid(-gedanken)

Eines Nachts wird alles still
Der Kampf endet
Die Schreie stoppen
Mit der Klinge fest in ihrer Hand
Schließt sie ihre Augen
Schlussendlich hat sie den Kampf verloren
Die Hoffnung aufgegeben

Sie war so jung werden sie sagen
Es sei so schrecklich werden sie sagen
Die armen Eltern werden sie sagen
Das eigentliche Problem werden sie nicht aussprechen
Von Prävention will keiner was hören
Davon dass Suizid die zweithäufigste Todesursache bei Menschen bis 25 ist auch nicht

Er kommt nach Hause voller Angst
Will Papa nicht erzählen dass er in Mathe schon wieder eine fünf hat
Will Mama nicht in die Augen schauen und erklären dass er in der Schule nicht aufpassen kann
Sich nicht konzentrieren kann
Seine Gedanken haben Besseres zu tun
Sie sind bei seinem alkoholkranken Vater
Darüber kann er mit ihr nicht sprechen
Sie hat entschieden dieses Problem zu ignorieren
Nach außen hin das perfekte Familienbild zu wahren

Er hat sich doch so angestrengt
Hat die Hausaufgaben immer brav gemacht
Im Unterricht gut Acht gegeben
Die Gedanken immer wieder beiseite geschoben

*CN: Selbstverletzung, Suizid(-gedanken)*

Das wollen sie alles nicht hören
Er redet sich um Kopf und Kragen
Sie fragen
Wie kann er es denn wagen
Ihnen dreist ins Gesicht zu lügen

Die Tränen sammeln sich in seinen Augen
Ich
Ich
Ich hab doch wirklich gelernt

Mama und Papa sind erbost
Lügt er doch schon wieder
Die Hand saust durch die Luft
Bam
Die erste
Bam
Die zweite

Rot
Bildet sich die Handfläche auf seinem Gesicht ab
Er senkt den Kopf
Bam
»Schau uns gefälligst an und entschuldige dich«

»Schuldigung«
Bam
»Nochmal richtig!«
»Es tut mir leid«

Er darf in sein Zimmer gehen
Die Stimmen im Kopf werden lauter
Nutzlos das bist du
Mehr nicht
Gut genug wirst DU nie sein

CN: Selbstverletzung, Suizid(-gedanken)

Er will sie zum Schweigen bringen
Zeigen wie stark er ist
Wie gewohnt greift er in seine Schublade
Nimmt das Metall in die Hand
Die Klinge die die Stimmen zum Schweigen bringt
Seine Stärke zeigen
Den Kampf den er täglich in sich trägt
Er ist ein Kämpfer
Ein Krieger
Jeder Kampf
entspricht eigentlich einem Hilfeschrei

So liegt er da
Nachts
Allein
Schreit stumm um Hilfe
Keiner schenkt ihm Gehör

Eines Nachts
Wird alles still
Kein Hilfeschrei
Kein Kampf
Der Krieger gibt sich geschlagen

Er war so jung werden sie sagen
Es sei so schrecklich werden sie sagen
Die armen Eltern werden sie sagen
Das eigentliche Problem werden sie nicht aussprechen
Von Prävention will keiner was hören
Davon dass die Suizidrate bei männlich gelesenen
Personen im Alter steigt auch nicht
Von 15 bis 19 ist die Suizidrate von ihnen im Vergleich zu
weiblich gelesenen Personen doppelt so hoch
Von 20 bis 29 dreimal so hoch
Von 30 bis 39 viermal so hoch

*CN: Selbstverletzung, Suizid(-gedanken)*

Sie waren so jung werden sie sagen
Es sei so schrecklich werden sie sagen
Die armen Eltern werden sie sagen

Wir müssen etwas anderes sagen
Wir müssen aufhören die Augen vor der Wahrheit zu verschließen
Wir als Mitmenschen müssen zusammenarbeiten
Zusammenhalten
Zusammenstehen
Den Menschen helfen
so lange wir noch die Chance dazu haben
Wir stehen in der Verantwortung

Wir sind es uns und zukünftigen Generationen schuldig
das Thema ernst zu nehmen
nicht tot zu schweigen
zu handeln
Toxic masculinity hat in unserer Zeit nichts mehr verloren
Der Glaube dass Depressionen nur erfunden werden um Aufmerksamkeit zu bekommen
muss aus der Welt geschaffen werden
2022 nahmen sich in Deutschland 10.119 Menschen das Leben
Das entspricht pro Tag fast 28 Personen
28
An einem Tag
Das sind mehr Suizide als Stunden
Psychische Krankheiten sind genauso real wie ein gebrochenes Bein oder eine Grippe
Sie sind behandelbar
In Behandlung zu gehen ist nichts wofür mensch sich schämen muss
Mit einem gebrochenen Bein
Oder einer Grippe
Würdest du doch zum Arzt gehen oder?

CN: Selbstverletzung, Suizid(-gedanken)

*Wenn deine Gedanken darum kreisen, dir das Leben zu nehmen, sprich mit Freund\*innen und Familie darüber. Hilfe bietet auch die Telefonseelsorge, anonym und kostenlos unter 0800/111 0 111 und 0800/111 0 222, außerdem gibt es auf www.telefonseelsorge.de eine Online-Beratung. Menschen unter 25 Jahren können sich per E-Mail über https://www.u25-deutschland.de/ beraten lassen. Eine Liste mit bundesweiten Hilfsstellen bietet die Seite der Deutschen Gesellschaft für Suizidprävention: www.suizidprophylaxe.de.*

# Verbale Kuschelrunde
Quinn Fuchs

Irgendwann zwischen Vorschulklasse und 5. Schuljahr beginnen erste Freund*innenschaftsbücher, sich in Regalen zu verlieren.

Irgendwann zwischen Schulende und Berufsanfang beginnen Banden, sich neu zu lösen und zu entstehen.

Irgendwann zwischen 0 und 10, 10 und 20, 20 und 30 fängt es an – das langsame Gehen.

Die eigenen Wege in eigene Richtungen, mit Kompass in der Testphase.

Irgendwo ist das Gehen mal ein Stolpern und der Griff zum Erste-Hilfe-Kasten wird unausweichlich.

Den Erste-Hilfe-Kasten schon gepackt oder noch auf der To-do-Liste, direkt unter »Organspendeausweis« oder »Ofen putzen« in der Wollte-sollte-hätte-könnte-irgendwann-mal-Handschrift.

Ich packe meinen Erste-Hilfe-Kasten und nehme mit: eine verbale Kuschelrunde. Verbunden mit Erinnerungen an Freund*innenschaften, entstanden mit dem Satz: »Es sollte mehr Komplimente geben.«

Ich packe meinen Erste-Hilfe-Kasten und nehme mit: ein paar Komplimente, die das Ego gestreichelt haben. Die über glatte Oberflächen hinwegsurften zu Charakter und Denkweise. Zu Prioritäten und Wertschätzung. Zu Sich-selbst-sein-Dürfen.

Ich packe meinen Erste-Hilfe-Kasten und nehme mit:
ein paar aufbauende Worte. Die zwar irgendwo im Kopf selber immer wieder erklingen, aber im Dunkeln manchmal ins Verlorene schwingen. Denn dort ist es so viel wichtiger und wertvoller, Sätze wie »Du bist stark«, »Du bist genug« oder »Deine Freund*innenschaft ist mir wichtig« ganz ehrlich von einer anderen Person zu hören.

Ich packe meinen Erste-Hilfe-Kasten und nehme mit:
ein paar Erinnerungen. Die voller Ruhe und inneren Friedens. Die glücklichen und schönen. Die wertvollen. Die Entstehung einer verbalen Kuschelrunde auf einer Sommerterrasse. Den Abschiedsabend vor einer langen Reise.

Ich packe meinen Erste-Hilfe-Kasten und nehme mit:
ein paar transportable Umarmungen. So richtige Umarmungen. Feste und ernste und kraftspendende, sind die transportabel? Vielleicht wenigstens die Erinnerung daran, die Gewissheit auf die nächsten, die Worte und Fotos, die an sie erinnern? Also fühl dich umarmt, falls du magst, da sind Menschen, die konsensuell welche schicken.

Ich packe meinen Erste-Hilfe-Kasten und nehme mit:
ein bisschen Balsam für die Seele, der sich über Ecken und Kanten legt, manche Wunden verschließt und bei einer verbalen Kuschelrunde großzügig fließt. Der Balsam, der überall und nirgendwo ist, aber kein Ablaufdatum hat.

Ich packe meinen Erste-Hilfe-Kasten
und sammle, was ich brauche.
Tausche, wonach sie fragen.
Helfe beim Mixen von Wundbalsam.

Irgendwann zwischen Vorschulklasse und 5. Schuljahr beginnen erste Freund*innenschaftsbücher, sich in Regalen zu verlieren.

Irgendwann zwischen Schulende und Berufsanfang beginnen Banden, sich neu zu lösen und zu entstehen.

Irgendwann zwischen 0 und 10, 10 und 20, 20 und 30 fängt es an – das langsame Gehen.

Mit Blick zurück und Blick nach vorn auf prägende Seiten in Freund*innenschaftsbüchern, mit Gesichtern, die altern, aber bleiben. Mit Gesichtern, die immer wieder auftauchen. Mit Gesichtern, die Momentaufnahmen bleiben und woanders, außerhalb des eigenen Sichtfeldes altern.

Irgendwann zwischen Vorschulklasse und 30 ist ein Erste-Hilfe-Kasten ins Gepäck gewandert – und in den Kopf. Irgendwo in diesem Kasten sind vielleicht ein paar verbale Kuschelrunden versteckt.

# Me I. – Zweigeteilt
Noah Schreiber

Ich brauche Platz zum Schreiben.
Meine Worte.
Jedes für sich.
Brauchen Raum.
Brauchen Enthaltung.
Brauchen Freiheit.
Alles, was ich meinem Selbst
so nicht geben kann.
Denn,
die Worte halten mich am Leben.
Oh ja!
Ohne das Schreiben
wäre ich schon ertrunken,
gefallen,
gesprungen
und nie wieder aufgestanden.
Erstickt wäre ich an meinen Gedanken.
An mir selbst.
Alles ist so schwer.
Und dieser Körper!
Dieser Körper bin nicht ich!
Er ist eine optische Täuschung.

Er ist nicht eins mit mir,
nicht eins mit dem,
was ICH FÜHLE.
Zu weit weg von meinem inneren Selbst.
Alles fühlt sich falsch an.
ICH fühle mich falsch an.
Weder für mich
noch für die Gesellschaft
passe ich ins Bild.
Ich bin eine Pepsi mit dem Label einer Cola-Flasche.
Ich bin Batman im Superman-Kostüm.
ICH BIN EINFACH NICHT MEINE SEELE.
Dabei ist meine Seele ganz okay.
Vielleicht manchmal zu still und
wiederum zu impulsiv.
Zu weich und dann wieder zu stur.
Aber im Grunde ist sie okay,
denke ich.
Aber eben nur im Inneren.
Da draußen, hier draußen, bin ich unsichtbar.
Kannst Du mich erkennen?
Ich bin wütend auf diese Unsichtbarkeit,
weil ich die andere Seite kenne.
Ja, ich habe sie gelebt!
Ich weiß, wie es sich anfühlt, SICHTBAR zu sein.
Eins mit sich selbst.
Ein Ganzes!
Komplett!
Ich weiß, wie es sich anfühlt, sich nicht mehr in Frage zu stellen
und auch nicht mehr in Frage gestellt zu werden!
Aber mein Körper hat mir eine Grenze aufgezeigt.
Auf eine sehr klare Art und Weise.
Ohne Ausweichmöglichkeit!
BÄM!

Geknallt hat es in mir. In meinem Herzen!
U N D  A U S!
Aber das ist nicht mehr zu revidieren. Es gibt keine Rückspultaste.
Es gibt nur eine STOPP-Taste.
Dieser Gedanke ist unbrauchbar.
Abgenutzt. Aus. Vorbei.
Over and out.
Also schreibe ich weiter, damit ich mein Leben
überlebe
mit all meinen Gedanken,
die an manchen Tagen
schwerer sind als alles andere
in meiner,
dieser Welt.

# O-Töne
## Was waren Momente der TIAN*-Joy, also Momente der Freude, für dich?

»Auf Arbeit ist es für mich besonders schön, wenn meine Kids (6–12 Jahre) mich täglich nach meinen Pronomen fragen und diese auch korrekt nutzen und andere auch verbessern.«

*»Wenn kleine Kinder an der Kassa hinter mir stehen und ganz selbstverständlich zur Mama sagen: ›Die ist aber groß.‹«*

»Das erste Mal Binder tragen, das erste Mal als Boyfriend vorgestellt zu werden, die eigene Stimme nach einem Jahr Testo mit der ›Vorher‹-Stimme vergleichen, Kleidung komplett neu zu entdecken, Make-up komplett neu zu entdecken.«

*»Trans joy empfinde ich, wenn ich in nude areas unterwegs bin und mein Körper stinknormal dazugehört.«*

»Auf dem Foto grinsen wir beide mit unseren bärtigen Gesichtern. Sein Bart glitzert in Hellblau. Und meiner – meiner ist mein allererster. Schwarze Bartstoppeln aus Theaterschminke. Ich bin begeistert von ihnen, war begeistert von dem Schwamm, der sich meinem Gesicht näherte.«

»Das war die erste Drag-Show, bei der ich war. Die improvisierte Show mit launigen Lautsprecherboxen und selbstgezimmerter Bar. Egal – denn es fühlte sich frei an. Frei zu sein – als Menschen. Mit Tape auf dem Körper, mit Bärten und Perücken, Röcken, Hosen. Es passte alles zusammen. Es war der erste Abend, an dem ich einen Bart trug.«

*»Joy-Momente sind vor allem die Momente, wenn ich mir selbst gefalle und mir bewusst wird, dass ich jetzt voller Selbstbewusstsein bin (auch im Sinne von sich selbst bewusst werden), dass ich keine Angst habe, so in die Öffentlichkeit zu gehen. Joy ist auch, wenn queere Menschen sich erkennen und ermutigende Blicke austauschen.«*

»TIAN*-Joy ist für mich, wenn jemand meine Pronomen respektiert und ich mich in einem Raum so entfalten kann, wie ich das möchte, und wenn ich mich durch mein Äußeres und Inneres so ausdrücke, dass es mit dem übereinstimmt, was in meiner Seele ist.«

*»Nonbinary joy ist grundlegend die Entlastung, nicht mehr etwas sein zu sollen, das ich nicht bin. Ohne Kategorie sein zu dürfen. Mich durch das Gefühl von innen zu definieren, nicht durch die Zuschreibung von außen.«*

»was ich total schön und wertvoll daran finde trans zu sein ist dass wenn man eine andere trans person kennenlernt direkt so eine verbindung besteht. weil man sich einfach gegenseitig auf einer gewissen ebene versteht die sonst nicht da ist.«

*»Die größte Freude im Sinne von trans joy empfinde ich, wenn ich losgelöst von den Drängen und Zwängen meiner binär-cisheteronormativen Indoktrinierung und den Erwartungen anderer Menschen den ehrlichsten Teilen meiner selbst geben*

*kann, was sie glücklich macht. Das ist oft sehr kindlich – es ist die überschäumende Freude daran, Menschen (oft andere Queers) kennenzulernen, für die ich mich nicht verstellen oder maskieren muss; es ist die Begeisterung für etwas, was mich für mich schön macht, wie Accessoires oder Kleidung; es sind Dinge und Erfahrungen, die ich mir als Kind gewünscht habe und die ich meinem inneren Kind nun schenken kann. Es ist sehr oft eine Art von gemeinsamer Albernheit, die mich daran erinnert, dass mein Leben und mein Sein ein Spiel sein dürfen, dessen Regeln ich bestimme.«*

»Ich wachte langsam aus dem Narkose-Zustand auf. Orientierte mich in Zeit und Raum. Interagierte sparsam. Es war so viel zu verarbeiten für meinen Körper. Der Eingriff und auch die Anspannung vor der Operation. Die übergriffige Narkose-Ärztin beim Vorgespräch gestern ... Zum Glück waren es dann andere Menschen gewesen bei der Narkose heute früh. Zwischen alldem spürte ich diese unerwartete Erleichterung. Ich war durchgekommen. Nicht nur durch die ganzen Zumutungen und Widerstände im Gesundheitssystem. Was ich spürte, war unerwartet politisch: ›Das könnt Ihr mir nicht mehr nehmen!‹ Egal, wie sehr die agitierenden lesbischen und feministischen Weggefährt*innen und rechte, konservativ-reaktionäre und evangelikale Menschen geifern und eifern ... Egal, wie viel AfD, CDU/CSU und FDP Deutschland noch wählt ... Das hier war nach über 46 Jahren kollektivem Gaslighting mein Leben. Ich hatte es noch rechtzeitig geschafft. My body, my choice.«

»Das erste Mal einen Binder anprobieren. Die richtigen Pronomen hören, wenn über mich gesprochen wird. Der richtige Name im Ausweis. Ein Handtuch mit diesem Namen geschenkt bekommen. Meine Mama, die mir zur einjährigen Namensänderung gratuliert.«

# Die meisten Leute mögen den Klang ihrer eigenen Stimme nicht.
Rumo Wehrli

Stimme.
Meine Stimme.
Meine. Stim-me.
Mmmmm.
Da tut sich was.
Da ist doch was.
Mit meiner Stimme.
Mmmmmm.

Und da, schon wieder, nur ganz kurz.
Und dann wieder steten Schrittes gewohnheitsasphaltierte Wege geradeaus.
Als hätte nur der verrauchte Kater der fiktiven Party gestern Abend sich kurz die verschlafenen Krallen gewetzt.
Sich einmal kurz gekratzt an den Erkältungsüberresten, die noch im Rachen nisten, es geht ja gerade was um.
Doch bei meiner Stimme ist da noch was anderes.

Und da: Nach zweimal husten ist es wieder da,
das leichte Kratzen zwischen den Vokalen.

Meine Stimme bricht auf,
gerade in diesem Moment, während ich sie sprechend brauche, wachsen ihr kleine Flügel, transparent und ungetestet,
noch in Eierschale gehüllt, streckt sie sich langsam.
Ganz verklebt zwängt sie sich durch haarfeine Risse,
die sich in den hohen Tönen bilden.
Sie streckt ihre Noten aus in neue Akkordgefüge,
es ist ein Drahtseilakt, auf einmal bricht sie haltlos in ein Flüstern ab, dann hüpft sie zungenstolpernd durch den Tonleiterwald.
In diesem ist auf einmal eine Lichtung: Sie hält inne und staunend bekommt sie Raum, der ihr selber noch neu ist.

Und nicht nur dort, nein,
überall beginnt das Leben, mich zu kitzeln.
Ich taumle zwischen Zehenhaar und Oberlippenflaum,
mein Schweiß riecht anders.
In meinem Bauchnabel sammeln sich Fussel.

Und jetzt ist der Moment, in dem ich wohl kurz kontextualisieren muss, damit die Entdeckungsfreude über meinen eigenen Körper auch schön niederschwellig bleibt. Denn ja, mein Körper ist halt grad in so 'ner Phase, in der er medizinisch hergerufen nochmals Praktikum im Pubertieren macht.

    Richtig, wir sind beim Schlagwortthema Gendergaga, Sternchenkriege, Pronomenwahn – ich gehör zu eben jener Jugend, die Toilettenräume canceln will und der deutschen Sprache Fußnoten in die Worte rammt.

Und ich hab das so satt. Ich hab das so satt, mich dadurch dauernd selbst zu politisieren. Weil wenn ich auf Theaterbühnen stehe – und ja, ich hab genug wenig Selbsterhaltungstrieb, das beruflich zu machen – dann wird meine Geschlechtlichkeit munter mitdiskutiert in der Kritik danach und im Bewerbungsgespräch. Ganz unabhängig davon, worum es vorher ging. Und ja, ich erzähle gerade selber auf einer Bühne davon, aber meine Identität ist keine künstlerische Entscheidung. Es ist ein Prozess, der ganz schön anstrengend sein kann. Ein stetes Hinterfragen und Herantasten. Er macht mir beizeiten Angst und ist ein Auf und Ab, wie das im Leben halt so ist. Aber wenn wir das schon öffentlich diskutieren, dann will ich auch von schönen Dingen berichten:

Ich bin nicht im falschen Körper,
den behalte ich lieber schön,
denn mit ihm passieren gerade ganz fantastische Dinge.
Er ist genau der richtige und entdeckt sich selber neu.
Zwischen Dysphorie und Euphorie
ist Politik nicht mal peripher relevant.
Da sind die viel interessanteren Sachen
wie eben jene stimmlichen Akrobatikpartien, die mir beim Singen unfreiwillig passieren.
Wir stimmen gerade noch die Bänder, nach dem O-Ton des Sprachorchesters.
Weil meine Stimme kann auch auf Wackelbeinen schon ganz schön viel.
Ich kann sie nutzen, um Dinge zu beschreiben,
um dem eine Form zu geben, welches sich gerade wunderschön neu formiert und in mir dieses warmwillkommene Gefühl des Ankommens auslöst:

An meinem Kinn zum Beispiel gesellen sich gerade drei Barthaare zu dem Oberlippenflaum. Und das eine davon ist so lang, dass es sich um die Pickel daneben kringelt.

Oder den verwirrten Blick der älteren Theaterbesuchsdame, die mich nach der Aufführung darauf anspricht, dass man ja gar nicht erkenne, wer auf der Bühne ein Mann und eine Frau gewesen sei.

Die Fusseln in meinem Bauchnabel, die sich dort erst sammeln, seit daneben Haare wachsen.

Meinen alten Mitbewohner, der auf jede meiner Sprachnachrichten mit einem »Krass, Alter, Stimmbruch« antwortet.

Das »Hey Jungs, hat jemand von euch ein Feuer?« am Bahnhof von den coolen Kids statt einfach nur die »Freundin von«.

Drei Akkorde tiefer singen, T-Shirts tauschen, weil sie nicht mehr passen, Tränendrüsen machen nicht mehr, was sie wollen, plötzlich Dinge tragen, all die kleinen Körperfasern, alles gleich und doch im Wandel, das Tempo leicht und doch ganz anders und das in einer Schnelligkeit, die mir kaum merklich viel zu lange geht.

Und natürlich, liebe Stimme,
ich weiß, wir sind nicht auf dem besten Fuß gestartet,
ich hab gewartet, auf den richtigen Moment,
man kennt sich ja schon, seit man sich zu zweit
zum ersten Mal die Welt gezeigt.
Da gings schon los, ein erster Atemzug und
mit einem Schrei sagtest du: »Hier bin ich!«
Nach drei Tagen warst du weg und ich war heiser.
Und ich glaube, diese Heiserkeit hielt die letzten 23 Jahre an,
bis ich anfing, dir zuzuhören.

Ich komme langsam an.
Und bin gespannt, was du mir zu sagen hast.

# Körperfreiheit
Paula Höll

Ich stehe vor dir und dich plagt,
ob ich dich jetzt vielleicht gleich hasse.
Das stoppt dich nicht, stattdessen fragst
du, »ob ich etwas ändern lasse« ...
Die Sekunden verstreichen,
ich sehe sich in deinen Blick
keine Unsicherheit schleichen,
stattdessen Zeichen von Kritik.
Grade schein ich dich zu stören.
Fragst mich, um ein »Ja« zu hören.
Sonst würd ich dir als Frau
wahrscheinlich überhaupt nicht reichen.
»Nein, ich bleib so«, sage ich
und seh in deinen Augen Schock.
»Wieso nennst du dich dann Paula
oder trägst manchmal nen Rock?«

Klar, ich könnte mich erklären
und hinterfragen, was du trägst,
stattdessen lass uns doch mal wehren
gegen das, was uns so prägt!
Gegen die Dinge, die uns formen:
die gottverdammten Gendernormen!

Du bist frei, wie ich zu sein!
Frei, ob cis, a, enby, trans.
Dass du dich nicht wie ich ausdrückst,
ist der Grund für die Distanz.
Warum hältst du an Glaubenssätzen,
an männlich oder weiblich fest?
Ist es so schlimm, dass ich verletze,
was uns tagtäglich leiden lässt?

Drum frag ich:
Hast du echt Probleme mit dem Gendernormen-Brechen?
Dann lass uns erst mal über manche Körperformen sprechen.

Breite Schultern, braungebrannt,
das beschreibt nicht gleich 'nen Mann.
Gebärfähiger Unterbau
ist kein Zeichen für ne Frau.
Bist du klein, ist das echt kein
Zeichen, irgendwas zu sein.
Lange Beine, große Brüste
ziehn noch keine Genderschlüsse.
Auch Stimmen sind nicht festzumachen,
nicht Gestik, Mimik, nicht das Lachen.
Das wäre doch gänzlich unsinnig,
wenn man sich daran halten müsste!

Das ist das Privileg der Freiheit.
»Live, love, laugh« abseits der Wand.
Du hast deine Körpergeilheit
doch stets selbst in deiner Hand.
Du bist, wie dich der Zufall schuf.
Und wie im Leben der Beruf,
Partner*innen und Wohngebiete
ist Genderausdruck auch fluide.

Ich frag dich:
Hast du Probleme damit, dass sich manche Menschen
»anders« kleiden?
Dann lass uns doch Klamotten von Geschlechtern unterscheiden!

Schwarzer Sacko, kurzer Schlips
sind kein Zeichen eines Typs.
Weite Bluse, weißes Kleid
schließen nicht gleich auf Weiblichkeit.
Schmuck zu tragen, ist echt kein
Zeichen, irgendwas zu sein.
All das Zeug aus Kleiderschränken
hilft dir nicht beim Genderdenken.
Lange Haare oder Bärte
stehen nicht für inn're Werte.
Es wäre das komplett Verkehrte,
diese Auswahl einzuschränken!

Doch fühlt sich manches besser an,
wofür man sich entscheiden kann.

**Ich** habe mich für **mich** entschieden!
Das bricht im ersten Moment nur
die Grenzen, die wir bisher mieden,
nicht eine Regel der Natur.
Und da ich mich für mich entscheide,
fühle ich mich mittlerweile
ziemlich wohl.
Wenn du nicht reflektierst – dann leide.
Doch Normen sind von innen hohl!

Also bitte, sprich dein Urteil,
denn du bist es so gewohnt.
Dabei bist du leider nur Teil
einer flachen Dimension ...
Ich kann dir den Schmerz nicht nehmen,
den man in dir früher säte,
doch ich werde mich nicht schämen,
dass ich diesen Look hier wählte!

Ich stehe vor dir und mich plagt
kein Stempel, den du mir verpasst hast.
Du bist wie ich: ein Unikat!
Was bringt das Erfüllen eines Rasters?

Ich rufe auf: Sei, wer du willst!
Wenn du als Normerfüllung giltst
und dich das schrecklich glücklich macht,
wär, dir das zu nehm'n, zu kurz gedacht.

Ich rufe auf: Seid, wer ihr wollt!
Over are the times of old,
in welchen Patriarchen sagen,
wie zu sein und was zu tragen!

Over are the times of old,
also steht hier, wie ihr wollt!

# Kleine Freiheit
Wanya Tollkirsch

Die Kleine Freiheit, das ist meine Stammbeiz. So eine wie aus den Geschichten. Wir kehrten jeweils dort ein, wenn wir in der Nähe waren. Alle, die grad mit uns unterwegs waren. Aber ich konnte auch alleine hin, kennen würde ich sowieso irgendwen. Wie's halt so sein muss. Diese Beiz, in der ich schon den Kopf auf den blätternden Holztresen gelegt und geweint habe; diese Beiz, in der ich zwar nicht meinen ersten, aber den ersten queeren Kuss bekommen habe; diese Beiz, in der die Klos eben nicht gegendert sind; diese Beiz, in der goldene Stöckelschuhe neben Vulven aus Fimo und falschen Bärten an der Wand hängen; diese Beiz, in der es manchmal schon wieder hell wird. Die Stammbeiz halt.

Früher, in einer anderen Beiz und Stadt, die beide nie so richtig heimelig wurden für mich, befürchtete ich immer, dass meine Mascara verschmiert. Also ging ich jede Stunde aufs Klo und kontrollierte sie. Sitzt sie noch (beziehungsweise klebt sie an meinen Wimpern), wie sie sollte? Oder hat sie sich schon über mein ganzes Gesicht verteilt? Es gibt ja verschiedene Arten von Mascara: Die eine schmiert, ganz klassisch. Als schwarzer Schlirgg im Augenwinkel. Die andere blättert eher: Das ist die, die du deinem Date von der Wange grüble kannst, wenn du je nach Vertrautheitsgrad ganz wagemutig oder übergriffig sein willst. Und dann gibt's noch die, die ganz langsam, Schritt für Schritt, einfach verschwindet. Wo die hingeht, hab' ich nie verstanden.

Bei mir schmiert und blättert Mascara nicht mehr, sie ist nämlich vollständig verschwunden. Ich habe sie verbannt. Sie passt nicht mehr zu mir, mehr noch, hat nie gepasst. Und auch nie einen ganzen Abend gehalten. Dafür muss ich jetzt meinen Lippenstift nachziehen, wenn ich will, dass er sitzt und es auf dem Klo einen brauchbaren Spiegel gibt. Lippenstift nachziehen, das gehört auch zu meiner Stammbeiz. Weil ich dort gerne Lippenstift trage und meistens auch nicht dafür angepöbelt werde. Und selbst wenn: Mit Lippenstift fühle ich mich fierce und grrrly – Begriffe, die mir diese Beiz auch beigebracht hat. Und wenn ich schon Lippenstift trage, dann richtig. Jede Stunde wird nachgeprüft und -gezogen, falls nötig; Eitelkeit lasse ich mir gerne nachsagen.

Und manchmal finde ich dann tatsächlich mich im Spiegel, in der Form meiner Lippen. Die Lippen sind fast das Einzige, was sich seit meiner Transition an meinem Körper nicht verändert hat. Mein Kinn ist breiter geworden bei gleichbleibender Spitzigkeit, die Augenbrauen dichter (ich ziehe sie nicht mal mehr nach), die Pickel mehr. Nur die Lippen, die tragen immer noch den gleichen Schwung wie damals. Damals, als ich das erste Mal Lippenstift aufgetragen habe. Damals, als ich das erste Mal Lippenstift aufgetragen habe, weil ich dachte, ich müsse. Damals, als ich das erste Mal wen geküsst habe, so richtig. Was ich dabei gedacht habe, weiss ich nicht mehr. Sie sehen auch aus wie damals in irgendeiner Bar, als ich beschlossen habe, nie mehr Lippenstift zu tragen. All diese Ichs, Klischees in der Aufreihung, all diese Ichs finde ich im Spiegel, in meinen Lippen. Normalerweise erzähle ich nicht von mir, von damals, wenn ich vom Klo zurückkehre. Zu sentimental. Zu viel Information über mich. Auch für eine Kleine Freiheit.

# Linie
## JJ Herdegen

Okay, shit. Jetzt steh ich also hier.

Und mir kommen Fragen in den Kopf, die ich schon immer stellte und sogar auf Bühnen sagte – die Leute herausforderten, damit sie hinfühlen und sich konfrontieren. Auch mit der Linie, die sie schon ihr Leben lang fahren.

Und ich stellte die Fragen immer wieder und wieder und mein Schmunzeln wurde bei jedem noch so kleinen Mindblow, den ich erzeugte, immer größer und größer, bis es verschwunden war.

Und ich denke an die Menschen, die mich bewegen – Tag um Tag und auch in den Nächten, wenn Lichter stärker strahlen und Schatten dunkler werden.

Und ich seh sie leiden. Ich seh, wie sie konfrontiert werden. Nicht mit Fragen – weil es gibt vielleicht keine ungeschickten Fragen, außer die 744 873, von denen ich wann anders erzähle.

Sie werden konfrontiert – mit Hass. Und darauf sag ich: Bitte, hört zu hassen auf.

Aber das hören die nicht. Das wollen die nicht hören, weil die eigene Angst vor sich selbst und vor Unkontrollierbarkeit sie zu laut anschreit. Und dann fangen sie an, zu schreien und zu projizieren, und schlagen zu.

Und ja, shit, jetzt steh ich also hier.

Und die Frage nach der Linie wird so sinnlos. Linien, um Liebe zu definieren. Ich meine, komm schon: Hast du mal geliebt und versucht, das auf ne Linie zu packen? Hast du mal gelebt und versucht, eine Chronologie zu erstellen, die zweidimensional ist, während du dich als Mensch in mindestens drei Dimensionen bewegen musst, um überhaupt leben zu können?

Und wir ziehen eine Linie zwischen Geschlechtern.

Und ja, shit. Jetzt steh ich hier. Auf der Linie. Und zwei Punkte sind an jedem Ende und ich habe keine Ahnung von Mathe, was da jetzt nochmal ein Vektor war und wieso überhaupt eine Gerade?

Jede natürliche Form hat keine Geraden. Auch das kleinste Atom einer scharfen Papierkante ist rund, auch wenn wir uns dran schneiden – an unseren Fingerkuppen, die gewölbt und eine der Stellen unseres Körpers sind, die die Sinneswahrnehmung des Fühlens mit unwahrscheinlicher Intensität meistern.

Ich kann mich nicht auf der Geraden bewegen, während meine Fingerkuppen gewölbt sind und auch die beiden Endpunkte niemals ein Ultimatum sein können, weil sie Planeten sind, mit Atmosphären und Leben und fliegenden und schwimmenden und gehenden und tauchenden Lebewesen darauf, die kurzes oder langes Haar haben und für die Rosa und Blau tatsächlich einfach Farben sind, weil keins meiner Pronomen ist »er« und ich liebe Blau.

Und ja, shit. Ich bleib nicht auf der Linie.

Und irgendwie erfühle ich mit meinen Fingerkuppen eine Hand, die nicht aus Geraden besteht. Ich nehme sie wahr und gleichzeitig nimmt sie mich wahr, denn sie besteht aus einer Handfläche, die weich ist, so sensitiv, und ich streiche über sie, taste vorsichtig und suche, während ich auf der Linie anfange, zu zittern, weil ich spüre, sie löst sich auf, und Fliegen das Gleiche ist wie Fallen, wenn man nicht aufpasst. Doch die Finger der Hand umschließen meine und sie verschlingen sich sanft, aber stark, und ich – ja, ich falle von der Linie und begebe mich in den Raum. Der Raum braucht Zeit und verändert sich und zwei Planeten sind zu Galaxien geworden mit Flüssen aus Licht und Farbe und Schatten, durch die ich reise und erforsche und fühle und bin. Und die Hand ...

Und jetzt steh ich hier und denke mir »shit« und schmunzle wieder, weil ich echt gerne bei meinen Workshops sage, dass ich die Leute mit einer Genderidentitätskrise nach Hause schicke, wenn sie das noch nicht erlebt haben.
Wo wir überall hinkönnen, wenn wir uns selbst Fragen stellen. Wer wir sein können, wenn wir Linien hinter uns lassen.
Und es ist vielleicht manchmal bisschen unheimlich. Aber Fliegen ist auch echt schön.

# über que(e)ren
## LILA SOVIA/Lavender Szymula

*NOTE: this piece of spoken word exits as a spoken word performance on beat.*

we are queering when we show resistance to the regime of the so-called normality. queering is a strive to replace the normative ideals with our diverse identities, our non-violent behaviors, our yet exceptional appearances, our looks, our relationships to once form the new ideals of humankind in a way to understand that ideals are a manner of how we could be, rather than how we should be. being queer is not about being different: queering shows no true will to divide to even categorize people as the abnormal to the normal rather than one to another. it´s about being the visible, equal side of the coin. the cheerful sequal of a strive you can join as anybody really. queer is not a status but a verb. queering is showing the diversity not as something that has occurred as a result of the modernized world. queering is the representation humankind as it has always had been. queering is a portrait of societies division that has drawn us apart a long time ago. if we queer, we signalize that there is never a one-sided story or a flattened character. there never is a firm sexuality connected to a certain appearance. there are no abilities, traits or rights naturally linked to a binary gender.

all of these categories were made up. there is no such as female or male sex with nothing in between. a human is fluid. changing. like a wave. it´s in their nature. our nature. categorizing one person is denying the ambivalent expression of every single human being on earth. we are not the same as in congruent. we are the same in the variety of expressions, the spectrum of emotions we are able to experience. we are a part of the same colorful kaleidoscope that shows what a human can be. queering tries to unravel these standards we live in as we think they are normal. but they just became normal to us as we accepted them as normality. we decided to form a society in which normality exists with a counterpart. let us accept diversity as normality instead. let us queer as in celebrating the unevenness of every single human to one another. let us queer as a form of discrimination without discrimination. let us queer in a form of resistance to what we have learnt to see as normal. let us queer as a form of revolution. let us queer a form of liberation.

*Über den folgenden QR-Code gelangst du zur deutschen Übersetzung des Textes:*

# Das Paradoxon der Gleichzeitigkeit von Transidentität und Nicht-Existenz des Genders.
Sira Busch

Erst dachte ich, ich wäre frauenfeindlich. Wenn der stupide Standardspruch »du bist nicht wie die anderen Frauen« erklang, wusste ich um dessen Unsinnigkeit Bescheid und empfand trotzdem: »Na ja, irgendwie wahr.« Während andere Menschen ihre Weiblichkeit betonen wollten, verstand ich nicht, wo sie diesen Willen zur Weiblichkeit hernahmen. Wenn Menschen etwas darüber erwähnten, dass ich Weiblichkeit besitzen würde, fühlte ich starke Dissonanz zu meinem Empfinden. Wenn eine Person »Frau Busch« sagte, dann wusste ich, dass ich mit diesen Worten gemeint war, aber meine Gefühle fragten sich: »Wer ist denn nur diese dubiose Frau Busch und wo steckt die? Wo ist diese meine Weiblichkeit, von der immer alle sprechen und ausgehen? Warum können andere Menschen die sehen, aber ich nicht? Mein Blick ist viel qualifizierter als deren. Aber angenommen, ich besitze diese Weiblichkeit, dann ist sie auf jeden Fall ganz anders als die Weiblichkeit von anderen.« Erst dachte ich:

»Ja, na gut, dann hab ich halt Weiblichkeit. Aber nicht so wie die!«

Irgendwann überlegte ich: »Was ist denn mit Männlichkeit? Ist Männlichkeit nicht irgendwie Weiblichkeit in anders? Vielleicht hab ich ja Männlichkeit!« Die Menge an Männlichkeit in mir wirkt wie ein einzelner Wassertropfen in der Wüste, den du nach stundenlangem Graben aus den tiefen Erdschichten herauspresst. Meine Weiblichkeit ist so stark wie der Geruch eines einzelnen Gänseblümchens neben einem Pommesstand. Meine Männlichkeit und meine Weiblichkeit geben nicht genug. Sie haben so wenig Substanz, du kannst sie nicht greifen. Sie sind so rutschig und flüchtig, dass sie vielleicht nur eingebildet sind.

Ich wanderte durch die Korridore meiner Selbst von Kammer zu Kammer, hielt eine Kerze hoch, auf dem Quest, im flackernden Licht etwas Gender zu finden. In irgendeiner staubigen Ecke musste da doch noch was zu holen sein. Andere Leute haben ja auch Gender in sich. Warum sollte mir keins mitgegeben worden sein? Vielleicht habe ich es ja nur verlegt, verloren oder vergessen, den Gender-Keim in die Sonne zu stellen und zu gießen. Vielleicht musste ich nur meine Zimmerpflanzen besser pflegen und eine von denen würde dann beginnen, zu blühen und Gender-Früchte zu tragen. Vielleicht musste ich nur mal mehr Zeit in mir verbringen und sichergehen, dass ich die Architektur wirklich verstanden hatte.

Und ich verbrachte Zeit in meinem Gebäude, in allen Appartements, und ging alle Treppen. Ich fand alles Mögliche. Mein Gebäude ist so voll und reichhaltig und dicht. Aber da ist kein Platz für Gender. Gender wirkt wie ein Möbelstück, das einfach nicht zu meiner Einrichtungsart passt. Gender ist irrelevant in meinem Gebäude. Es ist nicht da und wird nicht kommen und ich hab keinen Bedarf.

Festzustellen, dass kein Gender da ist, aber trotzdem alles gut und richtig und genug eingerichtet ist, hat meinen Blick auf meine Innenräume neu kalibriert. Die neue Information macht, dass alles stimmiger wirkt und in seiner Position gefestigt wird. Neue Erkenntnisse über Struktur und Ordnung machen das Leben in mir netter.

Meine Realisierung war definitiv ein großer Schritt, der viel Wadenmuskulatur erforderte. Klar, eine große Sache. Klar, auch ein neuer hilfreicher Fakt über mich zum Zweck der Außenkommunikation. Aber ein Käse kriegt seinen Geschmack auch nicht über die Löcher in ihm.

Der Begriff Transidentität ist so sinnig. Und gleichzeitig. Wenn mein Gender mich trans macht und zu meiner Identität kein Gender gehört, wo ist dann meine Transidentität?

Wenn Menschen mich nun als »nichtbinär« oder »agender« labeln und ich für sie zu einer agender Person werde, warum bin ich dann nicht gleich einfach nur eine Person? Mein Gender ist leer. Mein Gender ist nichts. Es klingt wie: »Da ist diese Person, die in Bezug auf Gender leer ist.« Und ist das betonenswert?

»Guck, da ist die Person, die explizit NICHT Tennis spielt!«

Würde es mich irritieren, würde jemand behaupten, ich würde Tennis spielen? Ja. Es ist falsch. Hä? Warum?

Aber es bedeutet auch: Es ist ja irgendwie des anderen Menschens Problem, wenn dieser faktisch falsche Tatsachen behauptet und da hab ich ja auch nicht viel mit zu tun.

Wiederum: Missverstanden zu werden, ist oft egal, aber auch trotzdem oft mehr schade, als verstanden zu werden. Ich bin nicht cishet. Ich bin nichtbinär und agender. Ich spiele kein Tennis, ich hebe schwere Gewichte. Ich rechne nicht, ich beweise mathematische Sätze. Wenn du in mir Weiblichkeit siehst, dann siehst du mich nicht.

Wenn du in mir Agenderness siehst, dann bitte sag mir, wie du das machst, weil das Nichts zu sehen, wirkt wie ein mystisch-magischer Zaubertrick, den ich gern lernen würde.

Ich kann nicht stolz auf meine Transidentität sein. Ich bin nicht stolz, nichtbinär zu sein. Aber die Erkenntnis über meine Nichtbinarität war ein wertvolles Puzzlestück, das in der Landkarte über mich fehlte und für das ich sehr dankbar bin. Auf dem Pfad zur Vollständigkeit wurde etwas Distanz zurückgelegt.

# JKR
## Sam Sackbrook

Wir beide sind uns nie begegnet
Und haben erst recht noch nie geredet
Aber du hast schon lange nen Einfluss auf mich
Und zwar erzählst du bei uns meist die Geschichten
Aber heute bin ich dran und rede von mir

Ich lernte früh lesen, so etwa mit vier
Verständnis für Sprache war dann schon vorhanden
Es fehlten nur Input und Hilfe von andren
Doch ich wollte lesen und wollt gerne schreiben
Und bat meinen Vater, es mir bitte zu zeigen
Nach einer Weile war er dann überredet
Und war es dann abends Zeit, schlafen zu gehen
Nahm er sich ein Buch aus dem kleinen Regal
Und half mir mit Worten und Sätzen und Zahlen
Ich lernte es schnell und ich zeigte Interesse
Er fragt mich mit fünf dann, ob ich es gerne hätte
Dass wir jeden Abend aus einer Buchreihe lesen
Die ihm schon so lange so viele empfehlen
Und ich wollte üben, also sagte ich zu
So brachte er abends im Bett dann ein Buch
Das mir nicht bekannt war, doch sehr hübsch gestaltet
Mit Schachbrett und drei kleinen Kindern bemalt ist

Mein Papa las vor und ich las leise mit
Und hörte Geschichten von einem Kind
Ein Junge, der doppelt so alt war wie ich
Mit Brille und Narbe direkt im Gesicht
Ein Waise, der einsam im Kleiderschrank lebte
Von Onkel und Tante verachtet, gequält
Der dann eines Tages die Chance bekommt
Dem Schrank und dem Missbrauch im Haus zu entkommen
Und ich lernte ihn kennen und ich liebte ihn sehr
Ging mit ihm in die Welt, in die er jetzt gehörte
Lernte mit ihm über Hogwarts, über Trolle und das Zaubern
Über Freundschaft und Feinde, über Liebe und Trauer
Und lernte das Lesen, doch wollte ich nie
Dass Papa nur neben mir saß, während ich les
So las er mir vor, von Wesen, Magie
Von Kobolden, Elfen, vom ethnischen Krieg
Und ich, gerad frisch eingeschult, lernte von dem
Was Harry durch Voldemort selber erlebt
Und lernte, dass Menschen mehr als nur das sind
Woher sie gekommen sind und was sie belastet

Ich bin dankbar für die Zeit, denn sie hat mir viel beigebracht
Sie schenkte mir ne beste Freundschaft, dritte Klasse, ich war acht
Mit Quidditch-Spiel in unsren Gärten, Unterricht im Wintergarten
Rollenspiele, in denen wir zwei selber Zauberlehrlinge waren
Und einem eigenen Hogwartsbrief, hübsch gemacht, mit grüner Farbe
Den ich, seit ich elf bin, hüte und noch immer aufbewahre
Doch wir Kinder wurden älter und das Spielen hörte auf
Ich liebte diese Welt noch immer, war unendlich stolz aufs Hogwartshaus

Doch war die Phase nun vorbei und ich bestritt die Schule weiter
Lernte mich erst selber kennen und weihte dann, als ich bereit war
Meine ganzen Freund*innen ein, die kamen, gingen, zu mir standen
Bis ich im Abi dann begann, meine Welt zu hinterfragen
Ich lernte langsam, wer ich war, und ich lernte meinen Namen
War mir ziemlich sicher, Unterstützung zu erfahren
Gerade von dir als Autorin, die mir damals so viel bot
Und dann äußerst gerade du dich so unendlich transphob

Wir beide sind uns nie begegnet
Und haben erst recht noch nie geredet
Ich hab schon gar keinen keinen Einfluss auf dich
Und bin für dich nicht mehr als eine Geschichte
Doch diese ist echt und nicht nur ne Metapher
Und ich bin sehr stolz auf das, was ich geschafft hab
Dein Werk war mir heilig, vor allem als Kleinkind
Das alles, was du tust, als Vollwahrheit wahrnimmt
Doch musst ich auch lernen, dich zu hinterfragen
Was mir wirklich schwerfiel, denn die Bücher gaben
Mir Heimat und Freundschaft, Familienmomente
Und es tut mir weh, wenn ich heute bedenke
Dass du das, wofür du stehst, nicht einhalten kannst
Lob und Applaus für deine Propaganda verlangst
Und dass du danach dann den Mut noch besitzt
Ein Kind von fünf Jahren, dessen Kindheit du bist
Im Schrank unter der Treppe still liegen zu lassen
Und nicht auch meine Welt ein Stück besser zu machen
Du nahmst uns die Sicherheit und auch das Vertrauen
Obwohl gerade wir das am dringendsten brauchen
Was du tust, ist sexistisch und erst recht auch transphob

So dank ich Harry Potter und nicht dir als Person
Denn er hätte nicht für die Freiheit gekämpft
Damit du, als Autorin, noch mehr Stimmen dämpfst
Also: Danke dir für die Bücher, aber fick dich als Mensch

# Es ist 2021
Rhonda D'Vine

Es ist 2021. Es wird Sommer. Es wird heiß. Die Leute wollen raus, wollen schwimmen. Sie drängen ins Freibad. Einfach aus der Wohnung raus. Sich abkühlen. Und schon sind sie wieder da, die »Beachbody«-Werbungen der Fitnesscenter. Mit denen sie uns vorschreiben wollen, wie Körper auszusehen haben.

Seit Jahren gibt es Gegenwind. Eine starke Body-Positivity-Bewegung, die die Problematik davon aufzeigt. Eine wichtige Entwicklung, um vom ständigen Bodyshaming wegzukommen, das uns überall entgegenschlägt. In Werbung, in Filmen, in Fernsehshows. Denn: Jeder Körper ist ein Beachbody. Du hast einen Körper, du gehst an den Strand – bumm, zack, Beachbody.

Aber ... trotz der ganzen Body-Positivity-Bewegung wird ein Teil des Bodyshamings immer noch ständig ignoriert und fortgeführt. Es fällt mir immer noch schwer, meinen Körper zu zeigen. Das Bodyshaming sollte mich ja nicht betreffen, oder? Ich bin schlank, ich hab keine Behinderung, Leute sagen mir öfter, dass ich cute sei ... Wo ist also mein Problem? Die Körper von Menschen wie mir werden trotzdem ständig anders wahrgenommen.
Ich glaub, ich hole ein wenig aus dafür:

Es ist 2015. Ich sehe die Dokumentation »Female to What The Fuck«. Eine Dokumentation über sechs trans Personen. In einer Szene siehst du einen der Hauptdarsteller ins Meer schwimmen gehen. Seine Freundin sagt, es wäre das erste Mal, dass er das tut. Es war ein bewegender und befreiender Moment, das mitzuerleben – aber es zeigt auch, dass sowas Banales wie Schwimmengehen schwierig sein kann.

Es ist 2016. Ich treffe mich mit Freund*innen im Park. Ich fühle mich wohl und gesehen als ich. Bin im Rock unterwegs, es ist ein schöner Abend. Auf dem Heimweg in der U-Bahn ruft mir ein wildfremder Typ hinterher: »Du bist keine Frau!« Als ich nicht drauf reagiere und weitergehe, ruft er nochmal. Ich dreh mich nicht um und gehe rasch weiter.

Es ist 2017. Ich treffe mich mit ehemaligen Arbeitskolleg*innen. Wir waren immer sowas wie eine große Familie. Es war echt eine schöne Zeit, die Kontakte sind immer noch stark da, wir treffen uns öfters. Es ist eine ausgelassene Stimmung, ein schöner Abend, aber … ich war noch nicht bei allen out. Ich erwähne es dann im Gespräch und sage einem Kollegen, dass er für mich doch nicht ständig das Pronomen »er«, sondern »sie« verwenden soll, und erkläre es nochmal.
Plötzlich fasst er mir zwischen die Beine und sagt: »Du hast ein Bimpfi, du bist keine Frau.«

Es ist 2018. Ich bin auf einer Konferenz mit vielen lieben Menschen um mich herum. Sie alle wissen, dass ich trans bin. Schon seit langer, langer Zeit. Am Abend ist die Stimmung häufig feucht-fröhlich, wir lachen, tauschen uns über Persönliches aus, trinken gemeinsam. Ich erwähne, dass ich ein halbes Jahr zuvor angefangen hab, Hormone zu nehmen. Erwähne, dass ich merke, dass meine Brust wächst, und wie sich das anfühlt. Als ob nichts dabei wäre, wird mir plötzlich an die Brust gefasst.

Es ist 2019. Eine Person stellt auf Twitter eine Frage an trans Personen: »Einen Tag lang gibt es keine cis Personen in der Welt. Ihnen geschieht nichts, sie sind am nächsten Tag alle wieder da. Was würdet oder könntet ihr an dem Tag machen?« Die Antworten waren von Banalitäten geprägt, aber die häufigste Antwort war bezeichnend: »Schwimmen gehen.«

Es ist 2020. Die Autorin-deren-Name-nicht-genannt-werden-darf schreibt einen langen Essay. In dem sie eine Gefahr, die von trans Frauen ausgehen soll, heraufbeschwört. In dem sie sich um verlorene Mädchen sorgt, die glauben, trans Männer zu sein. Und das zum Teil damit zu begründen versucht, dass sie von ihrem cis Mann Gewalt erfahren hat? Die britische Twitter-Bubble greift es wohlwollend auf, um ihren »gender critical«-Kampf gegen trans Personen fortzuführen. Der Diskurs wird vielerorts sehr verhärtet geführt. Auch hierzulande.
Zum Glück hab ich diesen Sommer die Möglichkeit, mich hinter der Pandemie zu verstecken, um nicht raus zu müssen.

Es ist 2021. Ich gehe mit meiner Freundin schwimmen. Es ist furchtbar heiß. Wir treffen am See eine Bekannte, mit der ich kurz rede. Meine Freundin drängt darauf, ins Wasser zu gehen. Erst im Wasser fragt sie mich, ob wir das nächste Mal woanders hingehen könnten, wo nicht so viele Menschen komisch schauen würden. Ich muss mehrfach nachfragen, weshalb, und erst langsam wird mir klar, was sie meint. Die Leute haben offensichtlich über mich getuschelt. Auf mich gedeutet. Über mich gekichert. Über die Jahre hinweg hab ich mir wohl antrainiert, es zu übersehen, nicht mehr zu bemerken. Meinen eigenen Blick zu verschließen. Um leben zu können. Um überleben zu können. In diesem Cistem, das uns ständig sagt, wir sollten eigentlich gar nicht existieren.

Es ist 2021. Und das Bodyshaming hört nicht auf. Es erdrückt mich. Es erdrückt uns. Hört auf, von Body Positivity zu reden, wenn ihr trans Personen ihre Körper vorwerft. Hört auf, vom Auflösen der Geschlechter zu sprechen, wenn ihr die Stereotypisierung der vermuteten Körperteile durch eure Blicke, eure Handlungen nur noch verstärkt. Es ist nicht mehr glaubwürdig. Wir haben 2021.

# Utopische Räume
Jenn Unfug

Ich träume von Räumen, die Zuflucht sind.
In denen nicht angenommen wird, sondern nachgefragt.

In denen immer genug Platz ist und wer möchte, kann kuscheln.
In denen große Samtsessel stehen, Blick auf Wiesen und Felder, Bücherregale im Rücken.
In denen Pflanzen gedeihen, Tiere rumtollen, Menschen schmusen.

Ich träume von Räumen voller Zärtlichkeit, Sanftheit, Klarheit.

Ich träume von Räumen, in denen du mich fesselst, ich aber genau weiß, wie ich rauskomme.

Ich träume von Räumen, in denen Menschen ihre Grenzen kennen und diese respektiert werden, in denen gestoppt wird, wenn sich etwas nicht wirklich sicher anfühlt.

Ich träume von Räumen, in denen Rausch bewusst gewählt wird. Nicht als Zuflucht und nicht als Ablenkung, sondern aus Freude und in einem sicheren Rahmen.

Ich träume von Räumen mit Tee und Kuchen, Sojaschlagsahne und gerösteten Haselnusssplittern. Flauschigen Hausschuhen und knisterndem Kaminfeuer.

Ich träume davon, dass der große weite Raum so sicher wird, dass wir keine Zuflucht mehr benötigen. Dass wir im Alltag genug Kapazität haben, um aufeinander aufzupassen.
Lass uns klein anfangen und nie diese Vision der Welt als sicheres Wohnzimmer verlieren.
Denn die Räume, von denen ich träume, in die bist du herzlich eingeladen.

# Eiswürfel
## Hannah Haberberger

Ich starre die Eiswürfel an, die in meinem Getränk vor sich hinschmelzen. Noch niemals, niemals zuvor waren Eiswürfel so scheiße interessant. Nur jetzt ist der Gedanke, wie paralysiert auf die schmelzenden Eisbrocken zu schauen, definitiv angenehmer, als den Blick wieder nach oben zu richten. Denn dann müsste ich mich wieder fragen, wie Augen eigentlich so unfassbar grün sein können. Ich fand grüne Augen schon immer am schönsten, aber seitdem ich in deine geschaut hatte, habe ich das Gefühl, dass ich vorher noch nie wirklich grüne Augen gesehen habe. Ich müsste mich dann fragen, wie eine Wange sich allein beim Anschauen weich anfühlen kann und wie man den perfekten Mittelweg aus Grinsen und Lächeln so hinbekommt wie du.

Du stellst mein gesamtes Konzept von Anziehungskraft und Attraktivität auf den Kopf. Bisher fand ich andere Dinge erotisch, breite Schultern und glänzende Augen, schelmisches Lachen und lockiges Haar aber jetzt – jetzt weiß ich selbst nicht, warum ein Übergang vom Schlüsselbein zum Hals mich so aus dem Konzept bringt.

Was, wenn er – was, wenn sie –, was, wenn ich?

Dass ich die Möglichkeit nicht ausschließe, Frauen attraktiv zu finden, ist nicht neu für mich, festgestellt habe ich das schon vor Jahren. Ich bin auf CSDs mit wehender Flagge mitgelaufen, ich weiß, wie weich Lippen wie deine schmecken, und ja, ich höre girl in red. Aber darauf, wie sich das wirklich anfühlt, hat mich nun wirklich niemand vorbereitet. Es ist mir neu, wie überwältigt ich von den banalsten Dingen sein kann. Von der Art, wie du dich bewegst, wie du riechst, wie du deine Nase hochziehst. Und obwohl du gar nichts aktiv tust, tust du doch irgendwie wirklich alles, damit ich die wirklich sehr spannenden Eiswürfel in meinem Glas vernachlässige.

Was, wenn er – was, wenn sie –, was, wenn ich?

Vermutlich überwältigt mich das alles, weil ich es mir anders vorgestellt hatte. Die Postkarte, die schon jede meiner WG-Zimmerwände geziert hat, schreit mir jeden Tag ein buntes LOVE IS LOVE entgegen. Denn Liebe ist Liebe, auf jede Art, auf die sie passiert, sie ist gleich wertvoll und gleich wichtig und gleich schützenswert und gleich bedeutungsvoll und gut – so, wie sie ist. Aber jetzt frage ich mich, wie ich all die Jahre nicht verstehen konnte, dass »gleichwertig« etwas völlig anderes bedeutet als »gleich«.

Denn nichts an diesem Tisch hier mit dir gleicht auch nur im Entferntesten dem, was ich bisher kannte. Ich kann souverän mit Männern flirten, kann ihre Körpersprache einschätzen und meine darauf reagieren lassen. Dank Zeilen in Büchern und Dialogen in Filmen und Lyrics in Liedern kann ich die Rolle erfüllen, die ich kenne. Ich kann ein cool girl sein, mühelos, unkompliziert. Doch mit dir – kann ich das nicht. Meine Hände schwitzen und trotz Germanistikstudium ist jegliches Talent für Satzbau gerade mit den Eiswürfeln dahingeschmolzen. Ich weiß auf einmal nicht mehr, wie ich meine Gesichtsmuskeln bedienen kann, und als der Kellner grade »Guten Appetit« gewünscht hat, habe ich mit »Gleichfalls!« geantwortet. Ich fühle mich grobmotorisch, ungeschickt und plump und irgendwie – ausgeliefert.

Denn was, wenn er – was, wenn sie –, was, wenn ich?

Ich wünschte, ich könnte zumindest sagen, dass ich eben jetzt erst herausgefunden hab, wie sich Verliebtsein anfühlt und dass ich eben doch Frauen besser finde, aber das wäre nur die halbe Wahrheit. Auch wenn das hier gerade ohne Frage überwältigend ist und wie ein Staudamm auf mich einbricht, kann ich es nicht für sich stehen lassen. Denn ihn gibt es auch – und das ist auch die Wahrheit. Was ich gerade fühle, ist keine Konkurrenz zu dem, was ich für ihn fühle, denn es ist eben nicht gleich. Es ist nicht mehr, nicht minder, nicht wichtiger, nicht bedeutungsloser. Nicht austauschbar. Das Ganze ist weniger ein Entweder-oder, sondern eher ein Sowohl-als-auch und das verwirrt mich, das bringt mich aus dem Gleichgewicht. Alles, was ich über Beziehungen und Liebe gelernt habe, macht gerade keinen Sinn mehr, denn es passt nicht zu dem, was ich fühle, und das macht mir eine Scheißangst.

Denn was, wenn er – was, wenn sie –, was, wenn ich?

Gerade weiß ich noch nicht, wie ich es hinkriege, dass beides in mir Platz haben darf. Wie ich eins wählen und das andere akzeptieren kann, ohne dass irgendwer verletzt wird oder ich mich nur halb fühle. Ob ich überhaupt wählen kann und ob ich wählen muss. Vor allem aber, wie ich den Mut finde, Konsequenzen zu tragen, über die ich jetzt lieber noch nicht nachdenken will.

Denn was, wenn er – was, wenn sie –, was, wenn ich?

Ich weiß, dass ich diese Welt nicht verlassen werde, ohne deine Haut berührt zu haben oder vielleicht zumindest eine, die so ähnlich ist wie deine. Gerade habe ich allerding noch zu viel Angst, diesen Teil von mir kennenzulernen, weil ich nicht weiß, was ich herausfinden könnte. Denn sobald ich darüber nachdenke, ist mein Kopf voll mit Gedanken, die ich nicht denken will, mein Bauch voll mit irgendwas zwischen Glückseligkeit und Magen-Darm-Virus und gerade schnürt es mir noch die Luft ab. Mein Kopf ist ein Ping-Pong-Tisch aus er und sie und er und sie und was ist, wenn, und was, wenn doch, und was, wenn nicht, und was, wenn das nicht geht, und was, wenn das alles kaputt macht, und was, wenn ich nie herausfinde, und was, und wenn und er und sie und – Stopp.

Ich hebe meinen Blick zu dir und lächle dich an. Mein nächster Atemzug ist tief. Vielleicht ist es vollkommen okay, dass ich auch mal etwas noch nicht genau weiß. Denn ich zweifle, ich bin unsicher und durcheinander und wenn meine Liebe das nicht auch mal sein darf, dann wäre sie nicht echt, dann wäre sie nicht meine. Für jetzt reicht es mir einfach, die Eiswürfelpfütze auszuschlürfen und heimzulaufen, um mich zuhause ins Bett zu legen. Denn immerhin weiß ich, dass ich lieben kann. Und bald lerne ich bestimmt auch noch besser kennen, wie.

# Leideinheit
Paula Höll

Ich merkte einst
ich bin nicht ich
ich bin verletzt, ich halt mich klein
ich merkte auch, ich hab 'ne Wahl
so, wie ich will, und frei zu sein
ich musste mein Leid untersuchen
und welche Ungleichheit es schuf
als ich begann, sie zu bekämpfen
merkte ich, das tut mir gut
ich merkte, dass es manche schmerzte
wenn sie sahen, wie ich bin
manche hatten solches Stechen
sie schauten nicht mehr richtig hin
stattdessen machten sie mich nieder
nahmen mir Validität
wollten mir Pinkelorte nehmen
obwohl mein Gender darauf steht
das geschieht leider immer wieder
zurzeit wird sehr viel Hass gesät
doch wenn wir übers Kämpfen reden
wissen wir, dass es um Leid und Gleichheit geht

Wenn wir die Ungleichheit bekämpfen
müssen wir sie akzeptieren
nicht hinnehmen, nein, viel eher
sie genau analysieren
sie ist da, sie ist im Jetzt
und wir sind hier, um was zu ändern
doch geht's um viel mehr Dimensionen
als um den Klassenkampf und ums Gendern
es geht um mich und geht um dich
das sind zwei ganz ungleiche Welten
in denen andere Maßstäbe
selbst gleiche Wörter anders gelten
drum gilt es, sich zu reflektieren
statt »Wahrheiten« zu statuieren
Wir suchen Halt, um nicht zu leiden
doch enden im Diskriminieren

Erster Punkt:
Ungleichheit kommt aus dem Innern
ganz egal, wie man sich wehrt
wir lieben es, zu definieren
»was ist richtig und verkehrt?«
wir sind anerzogen scheiße
und ich habe den Verdacht
wir sind auch anerzogen leise
wIr sind anerzogen schwach
uns wurde klar gesagt, was geht, was nicht
und halten daran fest
also wenn sich was in dir grad wehrt
schau hin
weil du dich dort nicht du sein lässt

Beispiel:
Warum ist es wohl ein Problem
wenn ich als trans Frau einen Bart trag
für trans Girls länger im System
für die die Transition noch hart war
weil sie einst lernten, Bart zu hassen
um den Normen zu entsprechen
ihr Leid hilft nicht, jetzt zuzulassen
dass Andere die Normen brechen

Zweiter Punkt:
Ungleichheit kommt aus dem Innern
der Mensch erhöht und er erniedrigt
will selbst die Ungleichheit vergleichen
doch das macht nur das Kämpfen schwierig
wir sind umringt von krassem Leid
und wir versuchen, es zu ranken
zu fragen, wer die ärmste Sau ist
hilft nicht, an Lösungen zu denken
stattdessen fühlen wir uns angegriffen
weil wer anders für sich laut ist
weil wir meinen, dass man das nur
darf, wenn man die ärmste Sau ist
es gibt zu viele Fronten
um zu sagen wo's am schlimmsten brennt
als wir sie überschauen konnten
wurden die meisten nur verdrängt
und wenn jetzt etwas in dir klemmt
erkenn, dass du mit dir nicht rein bist
dass Privilegien und diese Welt
manchmal echt scheiße und gemein sind
das ist nun wirklich kein Geheimnis
und es heißt nicht, dass dein Leid klein ist

Ich merkte einst
ich bin nicht ich
ich bin verletzt, ich halt mich klein
ich merkte auch, ich hab 'ne Wahl
so, wie ich will, und frei zu sein
ich sehe auch den Schmerz in dir
wenn du siehst, wie ich so bin
du weißt, dass ich dich akzeptier
drum bitte, schau genauer hin
die, die's nicht tun, kämpfen einsam
doch dich würde ich gern gewinn'
schau auf die Wunde und dein Salz
und den so minimalen Sinn
für nur eine*n von zweien eine Fahne zu schwenken
denn wir beide
sind leidend
lass uns aneinander denken

Wenn wir jetzt sehen, dass es and're gibt
die diese Freiheiten nicht haben
wenn wir sehen, es gibt Menschen
die auch Leid in sich tragen
wenn wir sehen, es gibt Menschen
für die die Hilfen niemals reichen
geht's nicht ums Ungleichheit vergleichen
auch nicht, dass ich in Schatten stell
sondern darum, Platz für alle zu schaffen
Leid ist intersektionell

Lass uns verstehen, jedes Leid ist anders
damit sind sie hierarchisch eben
lass lernen, zu kämpfen füreinander
für gleiche Löhne, gleiches Leben
gleiche Liebe, gleiche Rechte
gleiche Chancen, gleiche Freiheit
lass sehen, dass wir beide leiden
drum lass uns kämpfen: Leid heißt Einheit!

# Müde
## Cris Ortega

Ich bin müde
Mein Leben hat viele angefangene Geschichten, die alle eine Erklärung brauchen
Und ich bin müde, zu erklären

Ich bin müde vom Kämpfen
Ich bin es leid, unbequem zu sein
Immer Angst zu haben, dass ein Teil von mir zu viel ist

Zu behindert
Zu ausländisch
Zu trans
Zu queer

Eine Dimension zu viel, um dazuzugehören

Ich bin müde
Aber ich stehe trotzdem hier
Um das zu sagen, was gesagt werden muss:

*Uns gibt es*
*Wir sind viele*
*Und wir bleiben*

Mein Leben ist ein Kompromiss
Ein Abwägen
Ein Ratespiel zu deiner Toleranz

Wie viel darf ich sein, bevor ich dir zu anders bin?

Ich bin unbequem.
Auf Bühnen und im Backstage, weil deine Witze nun peinlich berühren

Ich bin unbequem.
Auf dem Latino-Festival, weil mir queere und behinderte Vorbilder in meiner Community fehlen

Ich bin unbequem.
Im Zug, weil ich Opfer trans*feindlicher Gewalt werde und deine gute Laune jetzt dahin ist

Ich bin unbequem.
In der Uni, weil wieder kein Raum für meinen Nachteilsausgleich geplant ist

Ich bin unbequem.
In meinem alten Kinderheim, weil das zu katholisch ist, um mich dort als Gast zu begrüßen

Ich bin unbequem.
Im Amtsgericht, weil mein Name zu ausländisch ist, um ihn bei der Personenstandsänderung richtig zu schreiben

Ich bin unbequem.
Im feministischen Arbeitskreis, weil meine Tics zu laut im Raum der Bibliothek hallen

Ich bin unbequem.
In der queeren WhatsApp-Gruppe, weil dir das mit dem Gendern zu anstrengend ist

Ich bin unbequem.
Auf der Arbeit, wenn ich die Wurzeln meines Lebens nicht mit dir teilen kann, weil sie zu politisch sind, um professionell zu sein

Ich bin unbequem.
Im Aktivismus, wenn dein binäres Denken keine Rose und erst recht keinen Kampf für mich vorsieht

Ich bin unbequem.
Und ich kann nichts daran ändern

Ich kann nichts anderes tun, als zu kämpfen
Und das nicht nur an einem Tag im Jahr
Meine Existenz erlaubt nichts anderes

Und ich bin müde
Unbequem sein ist anstrengend

Neben mir kämpfen viele andere
Sie stehen morgens auf und kämpfen für ihre Existenz
Ihre Stimmen werden viel zu selten gehört

Wir sitzen zwischen den Stühlen und hoffen, niemandem Umstände zu bereiten, weil wir nirgendwo Platz nehmen können

Unsichtbar zu sein, ist manchmal einfacher, als wenn man der Farbklecks auf dem Schwarz-Weiß-Bild ist

Heute will ich sichtbar sein

So sichtbar, wie es geht

Ich möchte laut sein

Ich möchte rufen

Für alle wie mich:

*Uns gibt es!*
*Wir sind viele!*
*Und wir bleiben!*

Ich bin wirklich müde
Aber ich möchte heute unbequem sein
Heute bin ich damit nicht alleine

Und es wird auch unbequem bleiben
Also lasst uns weiter unbequem sein
Es gibt noch genug zu kämpfen

# Die Tabletten
Suse Bock-Springer

Dass die Tage verstreichen, weiß ich, weil die Medikamentenblister leerer werden.

Tablette – Tablette – Tablette – Tablette – Tablette – neuer Blister.
Tablette – Tablette – Tablette – Tablette – Tablette – neuer Blister.
Tablette – oh, das ist der vorletzte Blister.
Tablette – ich muss bei der Praxis anrufen.
Tablette – ich muss bei der Praxis anrufen.
Tablette – ich muss wirklich bei der Praxis anrufen.
Tablette – ich sollte wirklich, oh, letzter Blister.
Tablette – »Unsere Praxis hat heute ihren Ruhetag.«
Tablette – »Na klar, können Sie heute Nachmittag abholen.« – Oh, ja, das mach ich …
nicht. Das schaff ich heute nicht. Da ist Zeit, aber auch Draußen.
Tablette – DU SOLLTEST WIRKLICH.
Tablette – DU MUSST JETZT WIRKLICH.
Tablette – »Danke für's Rezept!«
»Ich bräuchte bitte das hier.«
Mmh. Der Blick irgendwo zwischen professioneller Kühle, Bedenken und Mitleid?

»Bitte schön, Sie wissen, wie das eingenommen wird? Darf es sonst noch was sein?« – 'n Therapieplatz wär schön. Aber da können Sie ja auch nichts machen.

Und das kann ich ja auch so nicht sagen. Also ... »Nein, danke, das war's.«

Bis in ungefähr zehn Blistern.

Tablette – Tablette – Tablette – Tablette – Tablette – neuer Blister.

Das Ding mit Depressionen ist, dass Leute immer denken, sie wären irgendwie besonders.

Besonders traurig. Besonders auffällig. Besonders düster. Besonders ungewaschen. Besonders tragisch. Besonders leicht mit 'nem Spaziergang zu lösen. Na, irgendwie besonders halt.

Und wenn Depressionen nicht besonders sind, dann sind sie ja nicht so schlimm. Weil ... gibt ja nur Binarität. Schwarz oder Weiß. Und wenn's nicht das Dunkel ist, ist's Licht.

Neuer Blister.

Es gibt auch Leute, die denken, Depressionen seien irgendwie glamourös. Oder spannend oder interessant. Irgendwie halt 'n besonders geeignetes Partythema. Und dabei sprechen Menschen selten über ihre eigenen Erfahrungen, denn das ist anstrengend.

Einerseits das Reden darüber, andererseits die Reaktionen der anderen, die das dann BESONDERS finden oder eben nicht besonders genug.

Neuer Blister.

Hier sind die fünf beliebtesten Bilder zu Artikeln, die Depressionen thematisieren.

Eine *weiße* Person sitzt zusammengekauert in der Ecke.
Eine *weiße* Person weint.
Ein Scherenschnitt hat eine Regenwolke im oder über dem Kopf.
Eine *weiße* Person hält sich den Kopf oder die Hände vors Gesicht.
Eine *weiße* Person starrt aus einem verregneten Fenster.

Neuer Blister.

Ich behaupte gerne, ich hab handelsübliche Depressionen. Und ich sag's, wie es ist ... die meisten dieser Bilder haben nichts mit meiner Realität zu tun. Außer natürlich, dass ich weiß bin, das heißt, ich darf auch Depressionen haben. Medical Bias zu meinen Gunsten? Yay, me? Oh, und ich starre auch oft vor mich hin, aber meistens regnet es dabei nicht. Ich weiß natürlich, dass diese Bilder die Kämpfe depressiver Personen symbolisieren sollen, aber sie symbolisieren mehrheitlich nur einen sehr sichtbaren und verständlichen Aspekt von Depressionen: das Außergewöhnliche. Das BESONDERE Traurigsein.

Neuer Blister.

Ich spreche gerne von handelsüblichen Depressionen, denn das zeigt, dass Depressionen a) ziemlich leicht zu kriegen und b) ziemlich alltäglich sind.
Und zeitgleich ist es diese »Handelsüblichkeit«, die oft unsichtbar gemacht wird. Depressionen sind nicht ein, zwei WIRKLICH schlechte Tage mit Weinen, Regen und Stirn festhalten. Depressionen sind Alltag.
Ich, als handelsüblich depressiver Mensch, stehe auf, dusche, putze Zähne, nehme mein Medikament, arbeite,

mache Witze, rede mit Leuten oder auch nicht, kurzum: mache, was viele Menschen machen. Ich bin trotzdem depressiv. Manchmal starre ich vor mich hin, aber meistens fällt das nicht auf. In gesellschaftlich-kapitalistischer Hinsicht bin ich »hochfunktional depressiv«. Mir geht's gar nicht mal so geil, aber fürs Gesellschaftssystem ist das wums, weil ich nicht in der Ecke sitze und weine. Ich bin nicht besonders depressiv. Ich bin einfach nur depressiv.

Neuer Blister.

Es ist egal, dass ich schlecht schlafe.
Es ist egal, dass ich nichts fühle ODER von einem Panzerkonvoi an Emotionen überrollt werde.
Es ist egal, dass ich persönlich im Chaos versinke.
Es ist egal, dass ich keinen klaren Gedanken fassen kann.
Es ist egal, dass ich mich selbst nicht wahrnehme.
Es ist egal, dass mir nichts Freude bereitet.

Neuer Blister.

Dass ich dauerhaft müde bin, aber nicht einschlafe.
Dass ich so unfassbar viele Gedanken habe.
Dass so viele Gedanken so un-fass-bar für mich sind.
Dass die einfachsten Aufgaben mir absurd schwerfallen.
Dass jeder Tag Murmeltiertag zu sein scheint.
Dass jeder Tag austauschbar scheint.
Dass jeder Tag austauschbar ist.
Dass jeder Tag ...
Dass jeder Tag ...

Neuer Blister.

Mein Medikament hilft mir. Es hilft mir beim Aufstehen. Beim einigermaßen wach werden und sein. Es stabilisiert wohl meine Hirnchemie, keine Ahnung, ob das wirklich so ist, aber es gibt mir eine Struktur, die ich ohne derzeit nicht halten kann. Manche haben Kalender, ich habe leerer werdende Blister. Leute sprechen von »Happy Pills«, als würde ich nach jeder Tablette kurz auflachen und dann über Blumenwiesen hüpfen. Leute sagen: »Findest du's nicht ungesund, dauerhaft dieses Medikament zu nehmen?« Leute sagen: »Du musst nur mehr lachen.« Mehr spazieren, mehr Yoga, mehr wertschätzen, einfach mehr versuchen, weniger depressiv zu sein. Aber nicht mit Hilfe von Medikamenten, die sind ja ungesund auf Dauer. Herzelein, ich sag's nur gerne: DEPRESSIONEN SIND UNGESÜNDER.

Neuer ... oh, das ist der vorletzte Blister.

Ich will noch so viel sagen. Zum Beispiel, dass Leute öfter ihr Maul halten sollten, wenn sie keine Ahnung von der Realität einer anderen Person haben. Zum Beispiel, dass meine Blister zehn Tabletten haben und nicht nur fünf, aber zehnmal hintereinander »Tablette« zu sagen, ist ätzend. Zum Beispiel, dass es depressive Personen gibt, die froh wären, meine Form von Depressionen zu haben. Zum Beispiel, dass ich gar nicht mehr weiß, wie oder wer ich ohne Depressionen bin, weil ich sie schon so lange habe. Aber meine Wörter sind begrenzt, meine Konzentration ist begrenzt ... und ich muss mir nun wirklich einige Wörter für später aufsparen, denn ...

Neuer ... letzter Blister – ich sollte jetzt wirklich bei der Praxis anrufen.

# O-Töne
## Was sind deine Träume?

»In allen Dokumenten mein richtiger Name! Das wär was!«

»'n Job finden, der mir Spaß macht, 'ne Familie gründen, einen Hund haben – den Traum konservativer Politiker*innen leben, aber eben in mega gay.«

»Ich bin queere genderfluide Drag Activisti und möchte auch mit meiner Arbeit als Drag Quing Menschen einen Safe Space bieten und ein Vorbild sein.«

»Mein Zukunftstraum ist, näher an meinem polycule zu leben, als Linguist arbeiten zu können und meinen Körper immer wieder neu entdecken zu können.«

Zukunftstraum? Mein Kind aufwachsen zu sehen, meine Familie und meine Freunde um mich zu haben. Besser Banjo spielen zu lernen. Ein wenig mehr von der Welt sehen.

»Eine tolerantere Gesellschaft, die es schafft, über Gefühle zu reden, ohne sich über jene von anderen Menschen lustig machen zu müssen. In der wir uns auch von kapitalistischen Gedanken trennen können, die massiv eine Neidgesellschaft fördern und die Umwelt kaputt machen.«

»Meine Zukunftsträume sind, dass unsere Gesellschaft einfach aufhört, Schablonen aus dem vorigen Jahrhundert an jemanden zu legen, nur weil er ein gewisses Gender assigned bekommen hat, und wir Leute einfach nach ihnen selbst sortieren und nicht nach dem, was zwischen ihren Beinen ist. Ich möchte einfach in einer Gesellschaft leben, in der die Geschlechterfrage nicht mehr so relevant ist, wo ich einfach ich sein kann und nicht ich, der Mann, oder ich, die nichtbinäre Person, oder was auch immer.«

»*Ich wünsche mir Orte – ganz tatsächliche, physische Orte – zu denen Queers gehen können, um unabhängig von Laune, Tagesform und akutem Selbstbild mit Freude gefüttert zu werden. Orte, die keinem anderen Zweck dienen, als Bühnen und Spielplätze für Freude zu sein, gemeinsam und einzeln. Wie ein Vergnügungspark für Euphorie, mit Aktivitäten und Spielräumen und Ruhebereichen. Mit Raum für Zärtlichkeit und Trost und Kreativität und das Baden im gemeinsamen Sich-Freuen. Und ich möchte das, was an diesen Orten geschieht, die Freude und Geborgenheit und Sicherheit, dem Rest der Welt kommunizieren. Damit er sieht, welche Magie geschieht, wenn Menschen, die Angst und Repression und Versteckt-Sein gewöhnt sind, frei fliegen dürfen.*«

»Geborgenheit, Sicherheit, queere Familie, aufgeschlossene Gesellschaft, mehr Sprachen lernen, mehr Bücher lesen, irgendwann irgendwo am Meer sitzen und denken: Das ist schon alles okay so.«

# Gedichte über Körper
Rahel Behnisch

**So politisch, so zart**
Sie sieht Moos im Spiegel
Fährt kraftvoll hindurch
Es kühlt ihre aufgepulten Fingerkuppen
Es durchwächst sie friedlich
Entspringt ihren Herzklappen
Wie flüssiges Gold
Rinnt es ihre Waden hinunter
Frisch und rau liegt es an ihrer Haut
Es dürstet sie nach Ruhe
Ihre Beschaubarkeit ist ein wertvoller Beitrag
Zur Normalisierung von Moos in der Natur
Wo es eben hingehört
*– Vielen Dank für Ihre Mühen, wir melden uns, aber versprechen können wir nichts –*
Wann tauchen wir wieder ein in unsere Körper aus flüssigem Gold

**Ästhetisch**
Ich finde meinen Körper nicht unästhetisch
WEICH WARM FRUCHTBAR BIEGSAM
Er ist ästhetisch konnotiert
Ich will das nicht sein
Ich muss mich nicht erklären
Ich finde, es reicht, zu sagen
Dass die Ästhetik meines Körpers mich verraten hat

**Euphorie**
Fest und glatt
Keine weiche Brust wie Kissen zum Hineinsinken
War Teil des ~~Mädchen~~körpers
Ich war gerne Mädchen
Bis wenn dann so erschreckend klar wie lichtgrell heller noch in dein Wissen tritt
Dass eine Brust so nicht bleibt
Abgebunden dann darüberzustreichen
Holt mein Inneres dahin, wo es sich andere herauspicken können
Ich hasse mich dann nicht nur weniger
Ich trete dann gerne unter fremde Augen
Bis sie Madame sagen, pfeifen manchmal sogar oder ein Fräulein hinterherschieben
Und so liebe ich es, zuhause alleine Binder zu tragen
Wo keine Vermutung und Argwohn wie blitzschneller Hass
Oder Neugier (die tut ja genauso weh)
Mein Herz treffen
Mein Herz, das schneller schlägt
Wenn alle Menschen im Raum sehen
Ich bin nicht Mann oder Frau
At least
Wenn ich allein in meinem Zimmer stehe und über meine Brust streiche
Ist das der Fall
So lange werde ich darin Mut sammeln, bis ich sagen kann
Nein, bitte nicht das F-Wort
Ich bin einfach nur ___.

**Dein Chaos ist mir fremd und lieb**
Flusen liegen verteilt
Streuen verkehrt herum
Durch das Gebirge am Fußboden
Zahnpasta klebt
Verstecke liegen hinter jedem Gipfel Kleidung
Eine Murmel rollt und will gebremst werden
Vorgestriges liegt erlebt am Boden
So auch: ein Lippenstift, eine Regenbogenflagge und Glitzer
Dazwischen tanzen wir
Hände berühren ohne Angst
Körper, die gleich anders und anders gleich sind
Wir lachen
Vergessen die Gesetze der Welt
Und müssen manchmal niesen von den Flusen

**Bis ich mich wieder mehr fühle als die Geräusche im Raum**
Das Zwerchfell zieht sich ruckartig nach oben
Gemeinsam mit der Brustmuskulatur
Ein Stoß
Scharfen durch die Nase Ausatmens
Ich spüre dann die Magengrube angenehm fest
Statt blankbitterer Mulmigkeit
Luft an der Nasenschleimhaut
Fest Richtung außen gestoßen
Erinnert ans im eigenen Körper Sein
Wenn der Körper
Trotz Ruhezustand wie hin- und hergeworfen im Sozialgefüge
Zwischen vielen ahnungslos im Overload treibt
Bringt es die Haut wieder näher zum Kern heran
Und verhilft zu dem Moment der Wiedereinsicht
Inklusive Hand gegen die Stirn schlagen:
Ich bin immer mindestens mein Körper, auch wenn sie mehrere Handbreit an meinem Kern vorbeischießen, ohne mich zu sehen

# Ein Text für Uns
## Lorem Ipsum

*Das spricht Rumo*
Das spricht Jonin
**Das sprechen beide**

*Wir kennen uns nicht seit Schulzeiten*
Aber wenn wir es täten, würden wir diesen Brief an die selbe Adresse schreiben

*Lieber Rumo* / Lieb Jonin

**Dieses queer
ist schon schräg,
deine Identität
ist nicht nur
ein Nicht-ganz-
normal-Sein.**

**Aber lass uns von vorne beginnen:**

*Hoi zäme, ich bin zähni und us Äneda, ich han gad d Kantiprüefig gmacht und mini Hobbies sind Fantasybüecher, Pfadi und Judo, ich ha mega nöd gern Risotto und ich bin ...*

Hallo, ich bin elfi und usem Chreis 6 z Züri. Ich han grad d Gymiprüefig nöd bestande. Mini Hobbies sind lese, mit de Mirabelle, minere Chatz, zspiele und Tierli. Und ich bin ... **ich bin ... ääh ... äs Meitli!**

**Eigentlich hast du ja gehofft,** dass dieser Körper so bleibt.
**Eigentlich hast du ja gehofft,** *dass du nur größer wirst.*
**Eigentlich hast du ja gehofft,** dass du die Ausnahme bist.
*Von Kurven verschont, die Kurve gekriegt und einfach in Ruhe gelassen.*

**Und trotzdem** sprießen da Haare.
**Und trotzdem** *wachsen da Brüste.*
**Und trotzdem** wölbt sich ein Arsch.
**Und trotzdem willst du dem trotzen mit kindlichem Stolz:**

*Weisch ich han halt ebe nöd so gern pink und tuen au gern dusse spile und schnitze.*
Ich find halt churzi Haar praktischer und ich tuen mega gern uf Boim chlättere
**und wänn ich gross wird, wirdich** Pirat/*Ritter!*

**Und dieses queer**
**ist schon schräg,**
**meine Identität**
**ist doch nicht nur**
**ein Nicht-ganz-**
**normal-Sein.**

Dein Körper entwickelt sich **gegen deinen Willen.**
*Im Körper entwickelt sich* **Widerwillen.**
**Und wider deinem Willen entwickelst**
**du dich zu nem Wesen, deren Weise dir fremd ist.**

**Und einmal im Monat** verkrampft sich dein Inneres.
**Einmal im Monat** *kratzt da was an deinen Innerein.*
**Einmal im Monat** blutet dein Körper.
*Du liegst weinend wahlweise in der Badewanne, auf der Couch oder mit Wärmflasche unter der Decke vergraben.*

Und was die anderen deiner Klasse gerne als Ausrede für den Turnunterricht benutzen, bedeutet für dich
*noch viel mehr. Auch wenn du keine Worte dafür hast, drehst du dich beschämt zur Wand, wenn du dein Sportshirt anziehst.*
**Weil auf einmal gibt es da was zu bedecken.**
Um nicht weiter aufzufallen oder gar darüber reden zu müssen,
*klaust du aus der Waschküche eines dieser »Tops« der zwei Jahre älteren Nachbarstochter.*
»Top« – so nannten sie das meist diskutierte Kleidungsstück in den Primarschulgarderoben der Mädchen.
**Top** – *ein Hybridwesen zwischen Sport-BH und Trägershirt.*
**Top** – das passt doch zu den werdenden Kurven.
**Top** – *vielleicht lässt du dir auch die Haare wachsen.*
**Top** – das sieht gut aus geschminkt!
**Top** – *jetzt bist du begehrt!*
**Jetzt gehörst du dazu!**
**Jetzt wirst du wer anders in den Augen der anderen.**

Wenn das, was ich bin, eine Frau ist, dann sieht das doch ganz gut aus ...
**Männer wollen Sex mit mir!**
*Und ich mit ihnen! Und mit Frauen! Und mit Menschen, die ihr Geschlecht schon gefunden haben! Und mit dir!*
*Und mit dir! Und dir auch! Man kann das Flucht nennen, aber es ist doch ein geiles Gefühl, gewollt zu werden.*
Weißt du, ich konnte das echt gut, also eine Frau spielen, und, seien wir doch ehrlich, Sex ist nicht schwer, wenn du

einfach nur dem Schema F folgst. Schema Frau in einem heterosexuellen Kontext.

**Und weißt du, ich glaube, ich hatte auch Spaß dabei.**

Und dann kam ich irgendwann an den Punkt, an dem es nur lächerlich war, all das als Problem der Zukunft wegzuschieben.
*Ja, und vielleicht hat es ein Schauspielstudium und einen Lockdown gebraucht, um zu mir selber zu finden.*
Denn eigentlich wusste ich es ja schon lange ...
*Wirklich in Worte fassen konnte ich es lange nicht ...*
Ich, 14-jährig, lese in einem Instagram-Post, dass es das Konzept genderfluid gibt. Ja, dann kam halt eins nach dem anderen ... Ah, die OP? Ja, die ist jetzt schon drei Jahre her ...

*Warte,* **liebes Kind in mir,**
so viel Erklärung bist du **niemandem schuldig.**
*Die Leute werden* **Fragen haben,**
**doch erklär nicht mehr, als dir dabei wohl ist.**
Der Zeitpunkt deiner Entscheidung wird immer der richtige sein,
**zu teilen, was dir wert zu erzählen ist.**
*Weil du bist dir wichtig.*
Und das mag schon Kitsch sein, *doch das ist der Text, den wir grade brauchen.*

**Dieses queer ist schon schräg,**
doch das ist der Weg,
*der sich verdammt noch mal richtig anfühlt!*
Und »**trans**« heißt für alle was anderes.
*Denn trans ist keine Definition,* **sondern eine Richtungsangabe.**

Akzeptiere, wer du bist, doch liebe, was du werden kannst.
*Das ist ein Liedzitat von Grossstadtgeflüster.*
Akzeptiere, wer du bist, doch liebe, was du werden kannst!
**Bei all der Körperakzeptanz ist es auch okay, zu merken, dass sich was ändern muss.**

Denn in der Welt, die nie die unsere war, war immer zu viel **anderer Wille**.
Blicke anderer entwickeln sich **gegen deinen Willen**.

In unseren Körpern **entwickelt sich Widerwille**.
**Wir entwickeln unsere Körper gegen anderer Willen: zu unseren Körpern, zu den Körpern unseres Willens.**

**Und dieses queer**
**ist schon schräg,**
**meine Identität**
**ist nicht nur**
**ein Nicht-ganz-**
**normal-Sein.**
**Bekenn deine Farbe**
**doch auch mal dir selber:**
**Pastell neben Bunt.**
**Und das ist gut.**
**Das bist du.**

**Liebes Kind,**
lass den Kopf nicht hängen, das wird schon.

**Liebe Grüße,**
*Rumo/*Jonin

# Queer-Lexikon
Valo Christiansen

*Anmerkung: Ich bin seit einiger Zeit Teil des Queer-Lexikon-Teams. Dort gibt es online Aufklärung zu queeren Themen – für und von queeren Menschen, aber auch für nichtqueere Menschen, die dazulernen möchten. Neben dem Glossar bieten wir Broschüren, einen Chat für Jugendliche und einen für Erwachsene sowie einen Kummerkasten an. Die Fragen, die wir dort bekommen, sind ganz verschieden und ähneln sich doch oft. Wie eine solche Frage und eine entsprechende Antwort aussehen könnten, lest ihr im Folgenden:*

**[Frage]**
Hallo,
eigentlich weiß ich nicht mal, wo ich anfangen soll
die Gedanken schmal, der Kopf trotzdem so voll
ich weiß überhaupt nicht mehr, wer ich denn noch bin
leer und voll zugleich innendrin
alle Fragen auf einmal in mir
wahrscheinlich kann mir sowieso niemand helfen
niemand hat es so schwer, niemand ist so wie ich
ich finde mich regelmäßig unausstehlich
wer sollte mich schon mögen, so wie ich bin
sagt mir, gibt es einen Sinn, gibt es ihn und wenn ja, wo
und wie kann ich ihn finden
wird er den Schmerz lindern

wird er mich erleichtern, werde ich weitergehen können
werde ich mich erkennen, wer werde ich sein
werde ich wachsen oder bleibe ich klein
wenn ich klein bleibe, wie soll ich es schaffen
wenn zwischen mir und meiner Wahrheit Welten
aufklaffen
ich will doch einfach nur ich sein
in dem, wie ich bin, in dem, wie ich liebe, in dem, wie
ich begehre
ist es schlimm, wenn ich nicht liebe oder begehre
ist es schlimm, nicht zu wissen, wer ich überhaupt bin
oder sein will
manchmal ist es ganz still in mir
manchmal, wenn ich atmen kann
dann fühlt sich für einen Moment auf einmal alles
richtig an
Moment vergeht
frag mich jedes Mal: Kommt das Gefühl zurück
oder bleibt es so
bin ich dazu gemacht, Glück zu fühlen
oder bin ich dieser eine einzige Mensch
der Glück nicht verdient
wahrscheinlich lacht ihr über diese Gedanken
ich würde mich auch lieber nicht ernst nehmen
in all meinem Grübeln und Schwanken
Träumen und Sehnen
nach einem besseren Ort
für meinen Kopf, am Ende für mich
ist es unverschämt, so sehr zu hoffen
gebt ihr mir euer Wort, dass mir doch eigentlich alles
offen
steht, geht es andern wie mir
haben noch andere diese wilde Sehnsucht in der Brust
vielleicht Lebenslust, die in mir brennt
ob ihr das kennt

oder bin ich allein
mit allem, was da ist
bin ich genug, so wie ich bin
wie kann ich es andern erklären
wie ich fühle und bin
muss ich erklären
wie ich fühle und bin
bin ich ich, egal, was die andern sagen
kann ich nicht einfach, darf ich nicht einfach sein
wer ich bin
warum bedarf das Sein mancher Leute
die Toleranz der breiten Meute
das ist nicht gerecht
find ich
wir sind doch echt
ich bin doch echt
warum fühl ich mich mit meinem Echtsein so schlecht
ich wär gern ich mit Bart und flacher Brust
ich wär gern ich ohne Bart und voller Brust
ich wär gern ich mit Lust auf Menschen, die sind wie ich
ich wär gern ich ohne Lust und ohne Verzicht
ich wär gern ich mit viel Gefühl
ich wär gern an manchen Tagen
mehr als nur eine Gestalt
aber ich weiß, dass Menschen fragen würden
ich wär gern nichts von alledem
und im selben Moment alles zugleich
ich wär so gern ich
verstehst du mich?

**[Antwort]**
Hej du,
du schönes, vollkommenes Du
du bist genug
egal, was die andern sagen
du bist genug an allen Tagen
egal, wie groß die Zweifel und Fragen
du bist genug
du darfst sein, wer du bist
du darfst herausschrein, wer du bist
du darfst flüstern, wispern, zweifeln, wer du bist
am Ende
bist du immer du, wirst immer du sein
und wisse
du sein ist so sehr genug
und wisse
mit keinem deiner Gedanken bist oder warst du jemals allein
ich fühl sie und so viele mehr
wir alle wissen, wie das ist, irgendwo zwischen viel zu voll und völlig leer
wir kennen die Zweifel, die Ängste, die Sorgen
die Unsicherheit, ob es besser werden kann
aber weißt du, vielleicht nicht heute, vielleicht nicht morgen
aber es wird besser, es fühlt sich nur nicht immer so an
manchmal, ja, vielleicht sogar oft ist es scheiß schwer
und ich wünschte, dass es seltener so wär
aber realistisch betrachtet, sind wir eben immer noch auf dem Weg
aber wir sind auf dem Weg und wir bleiben nicht stehn
wir sind viele und weil sie das sehn
versuchen sie, all diese Zweifel zu pflanzen
wir wären nicht richtig, so wie wir sind
dabei ist nichts so richtig, das weiß ich bestimmt

wie echt zu sein, so echt, wie nur geht
und ich seh dich und dass du echt bist
dass deine Sorgen und Ängste und all das echt sind
ich seh, dass du sein nur willst, wer du bist
und ja, der Weg hat Windungen
ändert oft seine Richtung
verwirrt deinen Kopf und deine Empfindungen
doch nichts daran ändert, dass du bist, wer du bist,
dass du liebst oder nicht, begehrst oder nicht,
suchst und findest und lernst und probierst
Labels und Stylings und Pronomen studierst
vielleicht passt eins, ein anderes nicht
beim nächsten ein Strahlen in deinem Gesicht
weil du weitergehst, Schritt für Schritt
und wir begleiten dich, gehen mit dir mit
du bist niemals allein
dafür sind wir zu viele
und wir sind für dich da
dein Sicherheitsnetz
für Ängste, Gedanken und alle Gefühle
lasst uns alle einander auffangen
mit all unseren Sorgen und queeren Belangen
weil wir fast alle die Dunkelheit kennen
und sie weniger dunkel ist, wenn wir sie benennen
lasst uns reden und laut sein
schweigen und laut schrein
weinen und halten
das Fundament dieser alten, falschen Welt erschüttern
wir sind so richtig, wie wir sind
Menschen, egal ob groß oder Kind
wir sind genug in unserm Sein
danke, dass du du bist und nicht aufgibst
danke, dass du bleibst und bist und liebst.

# Gute Ge_Schlechter
Jayrôme C. Robinet

Geschlecht ist kein Wort
Geschlecht ist kein Anfang
kein genanntes Kriterium
kein Status mit Empfehlung

Geschlecht ist keine standardisierte Praxis
keine medizinische Notwendigkeit
kein gängiges Problem
keine bahnbrechende Eindeutigkeit
Geschlecht ist keine Diagnose
kein Fall
kein Beispiel
kein Fallbeispiel
höchstens mal Beifall, aber kein Beispielfall
kein Spielball oder Ballspiel, Ballfall oder Ballbeispiel

Kein Spal biel fieligall Spiefielballbiel
kein Kin Gal Fal Miniball
Geilomal Palilall
Nilpari Sal
Tatii Saal
Mallabiel

Verstanden?

Geschlecht
Geschlecht ist
ein Wellness-Urlaub mit Lavendelduft an der Côte d'Azur
in einem äußerst modernen Kurort, benannt nach einem
Fürsten aus dem Mittelalter

Geschlecht ist
ein Millionen-Sterne-Hotel
in dem chronisch Schlaflose versuchen, zu schlafen
während im Nebenzimmer ein paar Menschen laut
schnarchen
ein Hotel, in dem Schlaflose statt Schäfchen Sterne zählen
Sterne, denen es schnuppe ist, worauf sie denn verweisen

Geschlecht ist
einem Katzenbaby, so einem fluffigen Kätzchen mit dem
fluffigen Bäuchlein und der flluffigen Nase und dem fluffigen Fluff, einen Schuhlöffel zu schenken
damit das Kitten den Schuhlöffel als persönliche Rutsche
nutzt

Geschlecht ist
ein Dreirad mit den kleinen Stützrädern
ein Fahrrad, das wir nicht anzuschließen bräuchten, weil
wir darauf vertrauen sollten, dass es nicht gestohlen
wird, weil es frei sein sollte, aber wir ketten es trotzdem
an, wir schränken es ein, wir schränken seine Bewegung
immer wieder ein

Geschlecht ist
ein Abenteuerroman, in dem jeder Satz eine Frage ist

Eine Frage, in der jedes Wort eine Frage ist

Geschlechter sind
bebende Stärken in schüchternen Tiefen

Geschlecht ist,
für jedes Problem die schlechteste Lösung zu wählen, damit wir, wenn das dann schiefgeht, wenigstens noch sagen können: »*Das wusste ich doch, dass das Quatsch ist!*«

Und? Was ist Geschlecht für dich?

# Glossar

**Agender**
Label für Menschen, die sich keinem Geschlecht zugehörig fühlen und/oder mit Geschlecht als Konzept nichts anfangen können.

**Binarität**
Binarität bedeutet Zweiteilung. In Sachen Geschlecht bedeutet es, dass viele Menschen von nur zwei Geschlechtern ausgehen – nämlich Mann und Frau. Sowohl cis als auch trans Menschen können binärgeschlechtlich sein. Im Gegensatz dazu steht die Nichtbinarität.

**Cis (Adj.)**
Cis Personen sind Menschen, die sich mit dem Geschlecht, das ihnen bei ihrer Geburt aufgrund der äußerlichen Geschlechtsorgane zugewiesen wurde, wohlfühlen. Wichtig: cis ist ein Adjektiv, wird also klein geschrieben (außer z. B. am Satzanfang).

**Cisnormativität**
Cisnormativität bezeichnet die gesellschaftliche Norm und Erwartung, dass Personen cis- und binärgeschlechtlich sind.

## Diskriminierung
Benachteiligung aufgrund bestimmter Merkmale einer Person wie z. B. Hautfarbe, Geschlecht, Krankheit und/oder Behinderung, Religion, gesellschaftliche Herkunft und einige mehr. Es können sich auch verschiedene Formen der Diskriminierung überlappen (s. Intersektionalität).

## FLINTA*
F – Frauen
L – Lesben
I – intergeschlechtliche Menschen
N – nichtbinäre Menschen
T – trans Menschen
A – agender Menschen
* – weitere vom Patriarchat unterdrückte Geschlechter, die sich in den übrigen Begriffen nicht wiederfinden, manchmal auch + statt *.

## (Ent-)Gendern
Entgendern, umgangssprachlich oft als Gendern bezeichnet, ist das Entgeschlechtlichen von Sprache. Dabei werden Formen gefunden oder entwickelt, die alle Geschlechter miteinschließen. Am besten eignen sich dafür neutrale Begriffe wie »Lehrkräfte« oder »Lehrende«. Bekannt und vielfach diskutiert sind auch Formen mit Sonderzeichen, die *, _ oder : beinhalten, also z. B. Lehrer*innen.

## Intergeschlechtlichkeit
Bei inter(-geschlechtlichen) Menschen kann das körperliche Geschlecht (z. B. Genitalien oder Chromosomen) nicht der medizinischen Norm von »eindeutig« männlichen oder weiblichen Körpern zugeordnet werden, sondern wird stattdessen in einem Spektrum dazwischen verortet.

## Intersektionalität

Definition von Intersektionalität laut Online-Duden: »Überschneidung und Wechselwirkung mehrerer Formen von Diskriminierung bei einer Person.«
Der Begriff wurde ab 1989 von der Schwarzen Juristin Kimberlé Crenshaw geprägt. Intersektionaler Feminismus berücksichtigt diese Formen der Mehrfachdiskriminierungen in seinem Aktivismus.

## Neopronomen

Neopronomen sind Pronomen der 3. Person Singular, die entwickelt wurden und werden, um Alternativen für die bestehenden Pronomina (er/sie/es) zu bieten. Beispiele dafür sind im Deutschen z. B. they, sier, hen oder dey. Sie haben eigene Deklinationsformen, die sich teilweise aber am Deutschen oder an anderen Sprachen orientieren.
Insbesondere viele TIAN* Personen fühlen sich mit Neopronomen wohl, weil sie nicht mit den klassischen Geschlechterrollen verknüpft sind. Trotzdem ist es wichtig, zu beachten, dass alle Pronomen, ob nun Neopronomen oder nicht, von Personen aller Geschlechter verwendet werden dürfen. Geschlecht bestimmt nicht die Pronomen und umgekehrt!

## Nichtbinarität

Geschlechtliche Nichtbinarität löst die Zweiteilung der Geschlechter auf. Als nichtbinär bezeichnen sich Menschen, deren Geschlecht(er) z. B. nicht oder nur teilweise männlich oder weiblich sind oder auch beides zugleich. Bei manchen verändert sich das Geschlecht immer wieder (z. B. genderfluid), bei anderen gibt es gar kein Geschlecht (agender). Geschlecht kann also als ein Spektrum betrachtet werden.
Nichtbinär dient sowohl als eigenes Label als auch als Überbegriff wie eine Vielzahl an Microlabels (z. B. demi-

gender, genderqueer, uvm.). Manche Menschen, die Microlabel verwenden, nutzen zusätzlich das Label nichtbinär, andere nicht. Einige verwenden außerdem das Label trans, andere nicht.

**Marginalisierung**
Definition laut Online-Duden: »Abschiebung ins Abseits«. Anders gesagt: Als Marginalisierung wird die Verdrängung von Individuen oder Bevölkerungsgruppen an den Rand der Gesellschaft bezeichnet. Diese Verdrängung kann auf verschiedenen Ebenen erfolgen, also sie kann zum Beispiel geografisch, wirtschaftlich, sozial oder kulturell sein; meist spielt sie sich auf mehreren Ebenen gleichzeitig ab. Dabei spielen Machtgefüge und Diskriminierung eine große Rolle.

**Patriarchat**
Definition laut Online-Duden: »Gesellschaftsordnung, bei der der Mann eine bevorzugte Stellung in Staat und Familie innehat und bei der in Erbfolge und sozialer Stellung die männliche Linie ausschlaggebend ist.«
Die gegenteilige Gesellschaftsordnung, bei der all diese Stellungen Frauen zufallen, nennt sich Matriarchat. Weltweit gesehen überwiegt die patriarchale Gesellschaftsordnung stark gegenüber vereinzelten Völkern und Gesellschaften, die im Matriarchat leben.

**Sex vs. Gender**
Beide Begriffe bedeuten im Deutschen »Geschlecht«. Im Englischen wird durch diese beiden Begriffe aber ein Unterschied zwischen sex – biologisches Geschlecht – und gender – soziales Geschlecht – gemacht. Dabei wird davon ausgegangen, dass sex von der Natur vorgegeben und gender sozial konstruiert wurde. Diese Einteilung gilt inzwischen als überholt, da auch die Zuteilung von

Geschlechtsteilen zu einem biologischen Geschlecht von Menschen initiiert und damit sozial konstruiert wurde. Der Natur selbst geht es nur um die Möglichkeit zur Fortpflanzung, nicht darum, wer welche Geschlechterbezeichnungen trägt.

## Stereotyp

Definition laut Online-Duden: »vereinfachendes, verallgemeinerndes, stereotypes Urteil, [ungerechtfertigtes] Vorurteil über sich oder andere oder eine Sache; festes, klischeehaftes Bild.«
Diese festgefahrenen Bilder sorgen häufig für Diskriminierung und Benachteiligung und verhindern, dass tatsächliche Vielfalt und Diversität wahrgenommen und gelebt wird.

## TIAN*

T – trans Menschen
I – intergeschlechtliche Menschen
A – agender Menschen
N – nichtbinäre Menschen
* – weitere vom Patriarchat unterdrückte Geschlechter, die sich in den übrigen Begriffen nicht wiederfinden, manchmal auch + statt *. Auch TIN* wird häufig verwendet, weil oftmals davon ausgegangen wird, dass agender unter nichtbinär fällt.

## Trans (Adj.)

Trans Personen sind Menschen, bei denen das Geschlecht, das bei der Geburt zugewiesen wurde, nicht zutrifft. Wichtig: trans ist ein Adjektiv, wird also klein geschrieben (außer z. B. am Satzanfang).

**Quellen**

Bundeszentrale für politische Bildung: https://bpb.de/
Duden: https://duden.de/
Gerhard, Ute (2022): *Frauenbewegung und Feminismus. Eine Geschichte seit 1789*. München, Verlag C.H. Beck.
Läuger, Louie (2020): *Gender-Kram*. Münster, Unrast-Verlag.
Pankhurst, Helen (2019): *We are feminists – eine kurze Geschichte der Frauenrechte*. München, Prestel Verlag.
Queer-Lexikon: https://queer-lexikon.net/

# Anlaufstellen & Infomaterial

**TINte Bühnenliteratur:** https://buehnentinte.org/
**Slam Alphas:** https://slamalphas.org/
**Queer Lexikon:** www.queer-lexikon.net
**Bundesverband Trans*:** https://www.bundesverband-trans.de/
**Trans-Kinder-Netz e. V.:** https://trans-kinder-netz.de
**TGNS Transgender Network Switzerland:** https://tgns.ch/de/
**Verein für Transgender Personen in Österreich:** https://transx.at/
**Trans-Austria:** https://trans-austria.org/
**Transgender Europe e. V.:** https://tgeu.org/
**Intergeschlechtliche Menschen e. V.:** https://im-ev.de/
**IVIM (deutsche Vertretung der Internationalen Vereinigung Intergeschlechtlicher Menschen)/OII DEUTSCHLAND (Organisation Intersex International):** https://oii-germany.org/
**InterAction Schweiz:** https://inter-action-suisse.ch/de/home
**Verein intergeschlechtlicher Menschen Österreich:** https://vimoe.at/
**Queere Bildungsstätte Akademie Waldschlösschen:** https://www.waldschloesschen.org/de/
**Nibi Space zu Pronomen:** https://nibi.space/pronomen

# Medienempfehlungen

**Bücher**
*Gender-Kram* von Louie Läuger
*Mehr als binär* von Alok Vaid-Menon
*Ich bin Linus* von Linus Giese
*Die Zukunft ist nicht binär* von Lydia Meyer
*Was wird es denn? Ein Kind! Wie geschlechtsoffene Erziehung gelingt* von Ravna Marin Siever
*Mein Weg von einer weißen Frau zu einem jungen Mann mit Migrationshintergrund* von Jayrôme C. Robinet
*Fluide* von Sovia Szymula
*Von den Sternen am Himmel zu den Fischen im Meer* von Kai Cheng Thom
*PS: Es gibt Lieblingseis* von Luzie Loda
*Weltbilder* von Sira Busch

**Filme, Serien, Dokus**
*Disclosure: Hollywoods Bild von Transgender*
*Seahorse: The Dad Who Gave Birth //* auf Deutsch: *Der schwangere Mann*
Serie: *Getting curious with Jonathan van Ness*. Episode: *Können wir Binarität überwinden?*
*TRANS – I Got Life*
*Heartbreak High*
*Euphoria*
*Heartstopper*
*Feel Good*
*Pose*

# Die Herausgebenden

**Valo Christiansen (alle Neopronomen)**

Im Kindergarten diktierte Valo deren Geschichten noch dem Zivi, sobald sier schreiben konnte, schrieb Valo dann selbst. Heute wechselt hen beim Schreiben zwischen zahlreichen Sprachen und Dialekten, zwischen Kurzlyrik, Bühnenstücken, Blogbeiträgen und allem, was them sonst noch einfällt. Valos Texte beschäftigen sich mit Feminismus, Queerness, Identität und Neurodivergenz sowie den Überschneidungen dazwischen und darüber hinaus.

2021 gewann Valo den Literaturwettbewerb »Alemannisch läbt«, 2022 den Gerhard-Jung-Wettbewerb, beide in der Sparte Prosa. 2022 zog they außerdem ins Finale der NRW-Meister*innenschaften im Poetry Slam ein.

Neben dem Schreiben arbeitet Valo als Lektor*in, Sensitivity Reader*in, Übersetzer*in und als Referent*in für sensible Sprache und Queerness, natürlich auch manchmal verbunden mit Schreibworkshops. Mehr Infos zu Valo und deren Arbeit findet ihr auf www.queersensitivityreading.com.

## Sam Sackbrook (er/they)

»Hey, guck mal! Das ist der Sohn von einer Arbeitskollegin! Ist das nicht cool?«
So zeigte Sams Mutter ihm im Alter von 14 Jahren ein Poetry-Slam-Video. Es war tatsächlich cool und sorgte dafür, dass er sich kurze Zeit später bei seinem ersten Poetry-Slam-Workshop anmeldete und noch am gleichen Tag erstmals auf einer Slam-Bühne stand. Das ist mittlerweile zehn Jahre her und war der Einstieg in sein jetziges Berufsfeld.

2018 vertrat er den Wortwahl Poetry Slam in Bad Bentheim bei den U20-Landesmeister*innenschaften Niedersachsen/Bremen.
2019 vertrat er den RadioactiveSlam in Lingen bei den U20-Landesmeister*innenschaften Niedersachsen/Bremen.
2019 vertrat er die U20-Landesmeister*innenschaften Niedersachsen/Bremen bei den U20-Nationals in Erfurt.

In seinen Texten redet Sam – stets in Lyrik – über seine Erfahrungen als nichtbinäre, neurodivergente und queere Person. Auch redet er über persönliche Geschichten, Popkultur und Fantasy, die ihn geprägt haben. Er ist ausgesprochener Feminist, Teil der SLAM ALPHAS und im Vorstand des Spoken-Word-Vereins TINte.

# Biografien der Autor*innen

**Cris Ortega (er/they)**
Cris ist ein kreativer Kopf! Seit 2015 steht er als Poetry Slammer*, Singer-Songwriter*, Moderator* und vielem mehr auf Bühnen im deutschsprachigen Raum und setzt sich darüber hinaus für die Nachwuchsförderung im Poetry Slam ein. Cris ist migrantisch, trans*/genderqueer und behindert und steht out and proud mit authentischen Texten aus seiner Perspektive auf der Bühne für all die, die sich sonst nicht auf Bühnen sehen.

**Ely (sie/they)**
Geboren 2002 in Schwerte, aufgewachsen im Sauerland, lebt seit 2021 in Dortmund. 2019 stand Ely erstmals im Namen von »Fridays for Future« mit einem Spoken-Word-Text auf einer Bühne, 2020 veröffentlichte sie in der Anthologie »Im Werden« beim WOLL-Verlag. Nach dem Abi 2021 begann sie eine Ausbildung zur Konditorin, wechselte dann aber im Oktober 2022 zum Studiengang »Angewandte Literatur- und Kulturwissenschaften« an der TU Dortmund. Im Oktober 2022 nahm sie an der NRW-Meister*innenschaft im Poetry Slam in Hagen teil. Ely ist aktives Mitglied beim Wohnzimmerslam e. V. und steht seit Anfang 2022 regelmäßig auf Lese- und Poetry-Slam-Bühnen im Ruhrgebiet und darüber hinaus.

**Hannah Haberberger (sie/they)**
Hannah slammt seit 2021 auf den Bühnen Frankens und darüber hinaus. Ihre Texte drehen sich mal um Conni-Pixi-Bücher, mal um dubiose Hinterzimmer in Apotheken, mal um Brot. Im Mittelpunkt steht dabei immer, eine Balance aus lauten Worten und leiser Ernsthaftigkeit auf die Bühnen zu bringen. 2022 sicherte sie sich den Titel der bayerischen Trizemeisterin, 2022 und 2023 den der fränkischen Trizemeisterin. Außerhalb der Slam-Bühnen studiert sie Psychologie und untersucht leidenschaftlich gern queere Themen und Genderfragen im Bereich der Game Studies. Ihre liebsten Persönlichkeitsmerkmale sind ihre Mitbewohnerinnen und Kaffee mit Vanille.

**Jake H. Sommer (er/ihn)**
Jake ist seit Anfang 2022 auf Slam Bühnen zu sehen. Seine Texte behandeln meist eher ernste Themen und er hofft, dass er mit ihnen Menschen zum Nachdenken oder sogar Umdenken anregt. Bei den letzten beiden österreichischen sowie den deutschsprachigen Meister*innenschaften (2022 und 2023) war er Teil des Awareness-Teams. Die Arbeit in diesem Bereich ist ihm eine Herzensangelegenheit. Beim SLAM22 lernte er Mitglieder des Vereins TINte kennen und trat diesem bei. Nun einen seiner Texte in einer Anthologie mit anderen, wundervollen TIAN*-Menschen zu veröffentlichen, erfüllt ihn mit Freude und Stolz.

**Jayrôme C. Robinet (er/ihn)**
Jayrôme wuchs in Nordfrankreich im Land der Sch'tis auf. Sprachen haben etwas mit ihm gemacht. Er schreibt Prosa und Lyrik, übersetzt Bücher, forscht über trans und nichtbinären Spoken Word und performt selbst Gedichte auf der Bühne. Zuletzt erschien sein Buch »Mein Weg von einer weißen Frau zu einem jungen Mann mit Migrationshintergrund« (Hanser Berlin). Mal bezeichnet er sich als

Mann mit Variationshintergrund, mal einfach als Katzen-Liebhaber.

**Jenn Unfug (they/keine)**
Jenn Unfug ist eine kunst- und kulturschaffende Person. Jenn versucht, Räume zu kreieren, in denen Menschen mit der eigenen Verletzlichkeit auf sichere Weise in Verbindung sein, ihren emotionalen Horizont erweitern und genießen können. Jenn Unfug hat eine Ausbildung und jahrelange Erfahrung in der Organisation von Events. Thematisch befasst sich Jenn hauptsächlich mit psychischen Ausnahmezuständen, Genuss und Sinnlichkeit sowie intersektionalem Queerfeminismus. Am liebsten arbeitet they an der Schnittstelle von Bühnenkunst und Kulinarik.

**JJ Herdegen (they/keine)**
JJ Herdegen ist eine Person in schriftstellerischer Tätigkeit, theater-, film- und medienschaffend und macht Poetry Slam. JJ gibt außerdem Workshops, Vorträge und Fortbildungen zum Thema sexuelle und geschlechtliche Vielfalt, Queerness und Sprache; auch im Zusammenhang mit Medien und kreativer Gestaltung. Darüber hinaus organisiert JJ Veranstaltungen für Künstler*innen, ist in vielen Vereinen bzgl. Vielfalt, Kunst und Kultur tätig und vernetzt und arbeitet außerdem an der Veröffentlichung eines nächsten Buches. Die erste Veröffentlichung ist eine medienwissenschaftliche Analyse: »Orphan Black – Crazy Media Science: Lesbische Repräsentation und deren Einfluss auf die queere Gemeinschaft«. JJ ist freischaffend als Autor*in, Speaker*in und Media Creator unter anderem für Vereine (auch aktivistisch) tätig. Für das Theaterstück »Im Schwarm« (produziert vom Verein Diversity Media) über Identität, Vielfalt und Queerness schrieb JJ Texte und übernahm die dramaturgische Funktion.

**Jonin Herzig (keine/they)**
Jonin Herzig ist Schauspieler*in, Performer*in und Spoken Word Artist. They ist aktuell Schauspiel-Absolvent*in am Mozarteum in Salzburg. Jonin ist seit 10 Jahren fester Bestandteil der deutschsprachigen Poetry-Slam-Szene und ist Gründungs- und Vorstandsmitglied vom Verein TINte Netzwerk für trans, inter und nichtbinäre Bühnenliteratur. Schwerpunkte in their Arbeiten sind Identitäten, Körperpolitik und Aktivismus. Beim Bundeswettbewerb der Deutschsprachigen Schauspielstudierenden wurde Jonin mit dem Ensemblehauptpreis fürs Abschlussstück »TARTUFFE« (nach PeterLicht, Regie: Nele Rosetz) ausgezeichnet.

**LILA SOVIA/Lavender Szymula**
Ist erfolgreiche*r Rap-Artist*in und Spoken-Word-Performer*in sowie Autor*in. Unter dem Namen LILA SOVIA spielt Lavender bundesweite und internationale Konzerte. LILA SOVIA spielte bereits als Vorband von Waving the Guns, Trille und Liser bereits große Clubkonzerte. LILA SOVIAs erste EP »FLINTA« trifft musikalisch wie thematisch den Nerv der Zeit.

Lavender gibt zurzeit Workshops z. T. im kreativen Schreiben an u. a. der Humboldt-Universität zu Berlin und der Universität Hamburg sowie an bundesweiten Schulen. Lavender tritt außerdem international als Spoken-Word-Performer*in auf, hat ein Gedichtband namens »Fluide« im Brimborium Verlag veröffentlicht und ist Teil des Kollektivs »Verschwende deine Lyrik!«.

**Linux Wedemeyer (keine Pronomen/they)**
Als Kleinkind vom Wickeltisch gefallen und seit Mitte 2017 auf Poetry-Slam- und Lesebühnen des deutschsprachigen Raums unterwegs. Kurz: Linux verarbeitet Lyrik und Prosa, so eingekocht, dass Oma stolz wäre. Linux zerlegt Bühnen

fachgerecht in einzelne Bretter zurück, moderiert, bis die Luft brennt, und findet die stets richtigen Worte für all das, was zwischen den Zeilen liegt.

**Lorem Ipsum**
Lorem Ipsum ist ein seit 2017 existierendes Slam Team und besteht aus Jonin Herzig (keine/they) und Rumo Wehrli (er/keine). Die beiden haben in der Schweiz angefangen, bewegen sich nun aber in ihrem Kunst- und Theaterschaffen im ganzen deutschsprachigen Raum. Gemeinsam standen sie schon in Österreich, Deutschland und der Schweiz auf Meister*innenschaftsbühnen, moderieren gelegentlich zusammen und haben das Netzwerk TINte mitbegründet.

**Miedya Mahmod (they/them oder dey/dem)**
Miedya Mahmod lebt, schreibt, arbeitet im Ruhrgebiet. 2016 als Spoken Word Artist, kurz darauf ebenso mit Papier-Lyrik in Erscheinung getreten ist dey mittlerweile auch in kuratorischer und redaktioneller Funktion tätig. 2017 erfolgte die Teilnahme am Treffen junger Autor*innen sowie die Aufnahme eines Studiums der Medien- & Theaterwissenschaft in Bochum, 2020 die Mitherausgeber*innenschaft der ersten Illustrierten für Lyrik auf Twitter, das Lytter Zine, im Jahr darauf die Mitarbeit an der Poetik-Klausur zu Spoken Word beim Hausacher LeseLenz. Dey war 2022 Teil der open poems des Hauses für Poesie, 2023 Jurymitglied für das Hörspiel des Monats bzw. Jahres der öffentlich-rechtlichen Sendeanstalten.

Mahmod ist außerdem jüngst dem Künstler*innenkollektiv parallelgesellschaft beigetreten

**Noah Schreiber (er/ihn)**
Noah, Jahrgang 1978, gebürtig aus Köln, lebt in Hannover. Er hat seine Texte auf verschiedenen Poetry Slams und

offenen Bühnen gelesen, unter anderem auch bei dem Dyke* March und CSD in Hannover 2023.
Noah möchte eine Stimme für Menschen sein, die auch aus seinem Spektrum sind und wird dessen nicht müde. In Hannover hat Noah die Gruppe QueerSpokenWord ins Leben gerufen, die sich im AndersRaum trifft.

**Paula Höll (sie/they)**
Poetry Slammerin, Ukulele-Kabarettistin, Moderatorin, Impro-Schauspielerin, Stand-up-Comedienne und Werbetexterin. Was nach viel klingt, kann auch salopp in einem Satz zusammengefasst werden: Paula Höll macht Dinge mit Worten auf Bühnen.

Die Leidenschaft für Sprache merkt man der talentierten trans Frau in allen Bereichen an. Ob seelenstreichelnde Gutenachtgeschichten, aufbrausende Polit-Poesie oder absurdistische Bühnenkomik – Paula schafft es, in allen Bereichen ihren einzigartigen Charme einzuweben. Dabei ist sie stets schön feministisch, jedoch ohne erhobenen Zeigefinger und stattdessen mit zwinkerndem Auge.

**Quinn Fuchs (hen/hem)**
Quinn stand zum ersten Mal im April 2022 in e der Heimatstadt Wuppertal auf einer Poetry-Slam-Bühne. Seitdem entstehen immer mehr Texte zu verschiedenen Themenbereichen, inspiriert von hens Arbeit im Rettungsdienst und Alltagserfahrungen.

**Rahel Behnisch (sie/they)**
Rahel interessiert sich für Fotografie-Geschichte, Kunst und Sprache und freut sich immer, wenn jemand über Bücher oder Feminismus reden möchte. Am liebsten streift Rahel melancholischen Indie-Pop hörend durch Bibliotheken. In Würzburg studiert sie Germanistik, Kunstgeschichte und Kulturvermittlung und arbeitet nebenbei in einer

kleinen Buchhandlung. Außerdem probiert sie sich gerne in künstlerischen und journalistischen Bereichen aus. Zum Beispiel moderiert sie Literaturveranstaltungen und Festivals, gibt Lyrik-Workshops, gestaltet Beiträge fürs Radio und tritt seit 2015 bei Poetry Slams auf. 2019 und 2020 wurde sie fränkische U20-Meisterin im Poetry Slam und 2022 Vize-Meisterin im Teamwettbewerb bei den deutschsprachigen internationalen U20-Meister*innenschaften.

**Rhonda D'Vine (sie/ihr)**
Rhonda ist eine nichtbinäre trans Frau und seit vielen Jahren aktivistisch tätig. Sie betreibt in und für verschiedene Organisationen Aufklärung in vielen Formen, unter anderem durch Poetry Slams, auf Panel-Diskussionen und durch Reden bei Demonstrationen. Sie ist im Vorstand der Eurocentralasian Lesbian* Community (kurz EL*C), einer inklusiven Lesben-Organisation, sowie des Verein Nicht Binär (Venib) und setzt sich für intersektionale Solidarität ein.

**Rumo Wehrli (er/keine)**
Rumo ist eigentlich in den Schweizer Voralpen aufgewachsen, doch auf der Suche nach einer Welt jenseits der Provinz landete er irgendwo zwischen Kleinkunstbühnen, Bahnhofsbuffets und unfertigen Notizbüchern. Das war 2015. Seither kamen Beiträge in Anthologien, die Gründung eines Slam-Teams, eigene Spoken-Word-Veranstaltungen und ein Journalismus-Praktikum dazu. Rumo arbeitet als freischaffender Schauspieler und ist Gründungs- und Vorstandsmitglied des Netzwerks «TINte».

**Sina Damerow (sie/ihr)**
Sina passt in kein Raster. Ihre Texte, überwiegend (Lang-)Lyrik, befassen sich mit Themen aus den Bereichen der menschlichen Psyche, der Gesellschaft und der Politik, der Philosophie und Transsexualität.

**Sira Busch (alle Pronomen)**
Sira ist ein*e autistische*r, nichtbinäre*r Autor*in aus Münster. Sie*er hat ein Studium der Mathematik mit Master of Science an der Universität Münster abgeschlossen und sich im Nebenfach mit Philosophie und insbesondere feministischer Philosophie auseinandergesetzt. Der Werdegang als Autor*in begann im 18ten Lebensjahr, als sie*er zum ersten Mal bei einem Poetry Slam auf der Bühne stand. Zurzeit ist sie*er Doktorand*in in der theoretischen Mathematik.

**Stef (alle/keine)**
Stef (1996) ist ein Künstler griechischer Herkunft aus München, wohnhaft in Köln.
Seit 2014 bereist er mit seinen Texten zu Themen wie Queerness und mentaler Gesundheit die Kleinkunstbühnen im deutschsprachigen Raum. Seit 2017 ist er regelmäßig Teilnehmer bei den Nordrhein-Westfälischen Meister*innenschaften und den deutschsprachigen Meister*innenschaften im Poetry Slam. Zusammen mit Malte Küppers bildete er von 2017 bis 2022 das Slam-Team Textstreet Boys. Im Jahr 2021 erreichten die Textstreet Boys das Finale der deutschsprachigen Meister*innenschaften.

Stef ist seit 2020 Student an der Kunsthochschule für Medien Köln. Im Jahr 2021 war er auf der Shortlist der Vestischen Literatur-Eule. Im Jahr 2022 gewann er den hessischen Spoken-Word-Preis. Zusammen mit Sven Hensel ist er Herausgeber der Anthologie »Fantastische Queerwesen und wie sie sich finden« (2019, Satyr Verlag). Mit Bonny Lycen ist er außerdem Herausgeber der Anthologie »Irre Schön« (2022, Satyr Verlag). Im Herbst 2023 erschien sein Solodebüt »Schwul. Sexy. Depressiv. – Zwischen Pillen, Sex & Poetry« im Satyr Verlag.

**Suse Bock-Springer (alle Pronomen/ keine Pronomen)**
Suse Bock-Springer arbeitet bei Tag gerne interdisziplinär, bei Nacht schläft Suse gerne mindestens acht Stunden. Zwischen queerer Netzwerkarbeit, Grafik und Bildungsarbeit ist Suse auch gelegentlich auf Bühnen zu finden. Mit im Gepäck immer die Begeisterung dazuzulernen, Wissen weiterzugeben und fehlerfreundlich zuzuhören.

Suse wird unter anderem als *weiße*, fette, able-bodied, cis, endo, weibliche, akademisierte, finanziell sichere Person wahrgenommen. Suse selbst positioniert sich als weiße, fette, able-bodied, depressive, neurodiverse, mehrdimensional queere, akademisierte, finanziell sichere Person.

**Wanya Tollkirsch (x/keine)**
Wanya Tollkirsch hat als Kind über den klassischen Gesang auf Bühnen gefunden und ist einfach nicht mehr runtergeklettert. Seither machte x verschiedene Ausflüge in die Theaterwelt und steht seit 2016 mit eigener Literatur auf Poetry-Slam- und Lesebühnen. Daneben moderiert x verschiedenste Veranstaltungen und schreibt heimlich Lyrik. In xes Kunst lotet Wanja Tollkirsch die rechten Winkel von Schubladen aus, sprengt Grenzen und er_findet neue und stellt sich kueer.

# Bei lektora erschienen

Sira Busch

# »Weltbilder«

Dieses Buch ist über Normen und Stereotype – genauer: wie bestimmte Vorstellungen in der Gesellschaft uns beeinflussen. Daher der Titel »Weltbilder«. In unseren Köpfen sind einige ziemlich feste Schablonen verankert. Manche davon helfen, viele davon schränken uns enorm in unserem Denken ein. Das kann man sowohl psychologisch, philosophisch als auch soziologisch betrachten. Und das passiert in diesem Buch. Es geht nicht nur darum, wie die Schablonen in unseren Köpfen anderen schaden, sondern auch darum, wie sie uns selbst schaden. Wie sie unserer freien Entfaltung im Wege stehen und wie sie uns darin stören, zu Erkenntnissen über uns und die Welt zu kommen.

Das Ziel des Buches ist es, Analysetools und Hilfsmittel vorzustellen, die helfen können, uns selbst und unser Denken kritisch zu hinterfragen, aber auch mehr Empathie für andere Menschen zu erlangen. Denn je mehr Perspektiven wir kennenlernen, desto mehr sprengen die Schranken in unseren Köpfen auseinander und desto eher kommen wir zu einer gerechteren Gesellschaft. Ohne Sexismus, Rassismus, Klassismus, Transfeindlichkeit und Ableismus.

**ISBN** 978-3-95461-226-0
**13,90 Euro**
www.lektora.de

## Bei Lektora erschienen

Marie Gdaniec

# »Gemischte Tüte«

Ist man erwachsen, wenn man mit Bonusheft zum Zahnarzt geht?
Darf ich trotz Depressionen noch lachen?
Warum tut Heilen so weh?
Wie wäre das wohl, wenn die Geschlechtsteile der Menschen leuchteten, wenn sie Lust auf Sex haben?
Was hat ein Waschbär mit der Monarchie zu tun?
Wie geht das mit der Trauer?
Und ist es Lügen, wenn ich mir selbst die Wahrheit verschweige?

»Marie selbst und dadurch auch Maries Texte haben in ihrer Eindringlichkeit eine Softness, die mir in der Welt oft fehlt und die ich immer wieder gern höre und in diesem Buch so gern gelesen habe.« – Valo Christiansen

»Maries Texte sind so schnörkellos authentisch, dass ich mich in Gesprächen mit ihr zurückhalten muss, eine 10er-Wertung hochzuheben.« – Lukas Knoben

»Es gibt kaum Leute, die mich auf Bühnen so verlässlich Tränen lachen lassen, wie Marie.« – Flemming Witt

»Maries Texte sind das beste Beispiel dafür, dass man Stärke beweisen kann, wenn man über Schwächen spricht und dabei keinesfalls den Humor verlieren muss. Ich bin Fan!« – Birdy

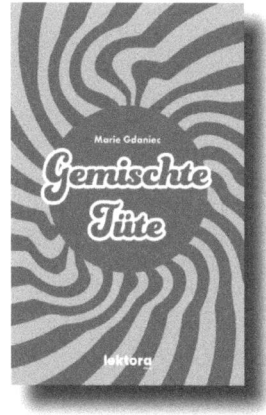

**ISBN** 978-3-95461-258-1
**14,80 Euro**
www.lektora.de